Dr. Halil Özcan ÖZDEMİR

İŞLETMELERDE DIŞ KAYNAKLARDAN YARARLANMA UYGULAMALARI (OUTSOURCİNG): KAFKAS ÜNİVERSİTESİ ÖRNEĞİ

Kırşehir, 2018

Copyright © 2018 by Halil Özcan ÖZDEMİR

All rights reserved. The use of any part of this publication reproduced, transmitted in any form or by any means, electronic, mechanical, photocopying, recording or stored in a retrieval system, without prior written consent of the author is an infringement of the copyright law.

ISBN: 978-1987661538

Library and Archive Cataloguing in Publication:
ÖZDEMİR, Halil Özcan, 1977- Author
İşletmelerde Dış Kaynaklardan Yararlanma Uygulamaları (Outsourcing): Kafkas Üniversitesi Örneği /
Written in Turkish.
Includes bibliographical references.
Issued in print format.
   1- Business Administraction
First Printing, April 2018
Printed via Create Space Independent Publising
Create Space is a DBA of On-Demand Publising LLC, part of the Amazon group of companies.

4900 Lacross Rd, North Charleston, SC 29406-6558
222 Old Wire Rd, Columbia, SC 29171

Printed in the United States of America

ÖNSÖZ

Çevresel değişimlere uyum sağlamak için, işletmelerin ve kurumların esnek bir yapıya sahip olmaları, temel yetenekleri dışındaki işleri dış firmalara devretmeleri gereklidir. Böylece işletmelerin yapıları yalın hale gelmekte, bunun sonucu olarak daha çabuk karar alabilen, değişimlere hızlı ayak uydurabilen, esnek işletmeler haline gelmektedirler.

Dış kaynaklardan yararlanma da diğer tüm yönetim tekniklerinde olduğu gibi, yerine ve zamanına göre kullanılması ve yönetilmesi gereken, böyle yapıldığında işletmelerin başarılarına katkıda bulunan bir işletmecilik tekniğidir. Dış kaynaklardan yararlanma (outsourcing) yaklaşımı, şirketleri ileri götürebilecek anahtar bir stratejik teknik olarak görülmelidir.

Kafkas Üniversitesinde de dış kaynak kullanımı uygulamalarının bir yönetim stratejisi olarak kabul edildiği yadsınamaz bir gerçektir. Bu çalışma ile Kafkas Üniversitesinde dış kaynak kullanımı uygulamalarının işleyişi tespit edilmeye, sorunları belirlenmeye, yeni alanlarda dış kaynak kullanılması için çözüm önerileri getirmeye ve de dış kaynak kullanımı uygulamalarının getirdiği maliyet avantajı tespit edilmeye çalışılmıştır.

Bu kitap Kafkas Üniversitesi Sosyal Bilimler Enstitüsü İşletme Anabilim Dalında sunulmuş olan şahsıma ait "Dış Kaynaklardan Yararlanma Uygulamaları (Outsourcing): Kafkas Üniversitesi Örneği" isimli yüksek lisans tezimden türetilmiştir. Burada elde edilen çalışma bulgularının teorik ve pratik çalışmalara önemli katkılar sağlayacağı düşünülmektedir.

Kırşehir, 2018

Dr. Halil Özcan ÖZDEMİR

İÇİNDEKİLER

Sayfa No:

ÖNSÖZ 3

GİRİŞ 9

BİRİNCİ BÖLÜM
DIŞ KAYNAKLARDAN YARARLANMANIN GENEL TEORİK ÇERÇEVESİ

1.1. DIŞ KAYNAKLARDAN YARARLANMA KAVRAMI 13
    1.1.1 Dış Kaynaklardan Yararlanma (Outsourcing) 13
    1.1.2. Dış Kaynaklardan Yararlanma Uygulamalarının Ortaya Çıkışı ve Gelişimi 17
    1.1.3. Dış Kaynaklardan Yararlanmanın Dünyada Kullanım Alanları 19
    1.1.4. Dış Kaynaklardan Yararlanmaya İlişkin Müşteri Nedenleri 23
    1.1.5. Dış Kaynaklardan Yararlanmanın Türleri 28
    1.1.6. Kamu Sektöründe Dış Kaynaklardan Yararlanma 31
1.2. TEMEL YETENEK (CORE-COMPETENCE) KAVRAMI 32
    1.2.1. Temel Yetenek (Core-Competence) 32
    1.2.2. Temel Yeteneğin (Core-Competence) Özellikleri 33

İKİNCİ BÖLÜM
DIŞ KAYNAKLARDAN YARARLANMA UYGULAMALARININ FAYDALARI / SAKINCALARI

2.1. DIŞ KAYNAKLARDAN YARARLANMA UYGULAMALARININ FAYDALARI 39
    2.1.1. Maliyetleri Azaltma 39
    2.1.2. Temel Yeteneği (Core-Competence) Geliştirme 40
    2.1.3. Kaliteyi Arttırma 40
    2.1.4. Teknolojik Yenilikleri Takip Etme 41
    2.1.5. Küçülme (Downsizing) 42

2.1.6. Süreç Yenileme 43

2.1.7. Esnekliği Arttırma 43

2.1.8. Riski Azaltma 44

2.1.9. Başarılı İşletmeler Arasına Girebilme 44

2.1.10. Kaynak Transferi 44

2.1.11. Kontrol Dışı Fonksiyonlar 45

2.1.12. Kaynakların Yeniden Dağıtımı 45

2.1.13. Yatırım Harcamalarını Azaltma 45

2.1.14. Finansal Kaynaklardan Yararlanma 46

2.1.15. Hız Kazanma 46

2.2. DIŞ KAYNAKLARDAN YARARLANMA UYGULAMALARININ
SAKINCALARI 46

2.2.1. Esnekliğin Kaybedilmesi 47

2.2.2. Gizli Bilgilerin Rakiplerin Eline Geçmesi 47

2.2.3. Kalitenin Düşmesi 47

2.2.4. Niteliksiz Bir Tedarikçi İşletmenin Seçilmesi 48

2.2.5. İşletmenin Yeteneklerini Kaybetmesi 48

2.2.6. Personel Üzerindeki Kontrolün Zayıflaması ve Yitirilmesi 49

2.2.7. Tedarikçi İşletme Üzerinde Kontrolün Kaybedilmesi 49

2.2.8. Kısa Vadeli Ekonomik Amaçlara Odaklanma 50

2.2.9. Dış Kaynağa Bağımlı Kalınması 50

2.2.10. İşletmenin İçinin Boşaltılması 51

2.2.11. Dış Kaynakla Yapılan Anlaşmanın Kendi Kendini Kontrol Edeceğini
Düşünme 51

2.3. TEK TEDARİKÇİ İŞLETME KULLANMANIN YARARLARI VE
SAKINCALARI 52

2.4. DIŞ KAYNAK UYGULAMALARININ BAŞARILI OLABİLMESİ İÇİN
GEREKEN KOŞULLAR 53

ÜÇÜNCÜ BÖLÜM
TAŞERON FİRMA KAVRAMI VE DIŞ KAYNAKLARDAN YARARLANMA SÜRECİ

3.1. TAŞERON FİRMA (VENDOR) KAVRAMI 56
    3.1.1. Taşeron Firma 56
    3.1.2. Taşeron Firmanın Özellikleri 57
    3.1.3. Dış Kaynaklardan Yararlanmada Taşeron Firmaların Rolü 58
    3.1.4. Dış Kaynaklardan Yararlanma (Outsourcing) Süreci 59
3.2. DIŞ KAYNAKLARDAN YARARLANMA MODELLERİ 74
3.3. STRATEJİK DIŞ KAYNAKLARDAN YARARLANMA 75
    3.3.1. Başarılı Bir İşbirliği İçin Yapılması Gerekenler 76

DÖRDÜNCÜ BÖLÜM
TÜRKİYE'DE DIŞ KAYNAKLARDAN YARARLANMAYA İLİŞKİN BİR UYGULAMA (KAFKAS ÜNİVERSİTESİ ÖRNEĞİ)

4.1. ARAŞTIRMA KONUSUNUN ÖNEMİ 79
4.2. ARAŞTIRMANIN AMACI 80
4.3. ARAŞTIRMANIN YÖNTEMİ 81
4.4. ARAŞTIRMA SONUCU ELDE EDİLEN BULGULAR VE YORUMLARI 83
    4.4.1. Kafkas Üniversitesinin Tanıtımı, Misyonu ve Vizyonu 83
    4.4.2. Kafkas Üniversitesinin Personel Sayısı 84
    4.4.3. Kafkas Üniversitesinin Hukuki Yapısı 85
    4.4.4. Kafkas Üniversitesinin Yıllar İtibariyle Dış Kaynaklardan Yararlanmaya Geçiş Süreci 86
    4.4.5. Kafkas Üniversitesinin Dış Kaynaklardan Yararlandığı Taşeron Firmalar 87
    4.4.6. Kafkas Üniversitesinin Dış Kaynaklardan Yararlanma Nedenleri 87
    4.4.7. Kafkas Üniversitesinde Dış Kaynaklardan Yararlanma Uygulamalarının Gelecekteki Durumu 88
    4.4.8. Kafkas Üniversitesinin Gelecekte Farklı Alanlarda Dış Kaynaklardan Yararlanma Düşünceleri 88

4.4.9. Kafkas Üniversitesinin Dış Kaynaklardan Yararlanırken Karşılaştığı Güçlükler 89

4.4.10. Müteahhit (Yüklenici) Firma İle Yaşanan Güçlükler 89

4.4.11. Yapılan Sözleşmede Göz Önünde Bulundurulması Gereken Hususlar 90

4.4.12. Müteahhit Firma Seçilirken Yaşanan Güçlükler 90

4.4.13. Müteahhit Firma İle Yapılan Sözleşmelerin Süresi 91

4.4.14. Yapılan Sözleşmede Zaman İçerisinde Yapılan Değişiklikler 91

4.4.15. Kafkas Üniversitesinde Dış Kaynaklardan Yararlanma Uygulamalarını İzleyen Birimler 93

4.4.16. Kafkas Üniversitesinde Dış Kaynaklardan Yararlanma Uygulamalarının Riskleri 93

4.4.17. Tedarikçi Firmanın Seçiminde Dikkat Edilecek Hususlar 94

4.4.18. Tedarikçi İle Yaşanan Problemlerin Tespiti 95

4.4.19. Anlaşmaya Uyulmadığı Takdirde Yaptırımlar 95

4.4.20. Kafkas Üniversitesinde Dış Kaynaklardan Yararlanma Süreci 96

4.4.21. Kafkas Üniversitesinde Dış Kaynaklardan Yararlanma Uygulamaları 96

SONUÇ VE ÖNERİLER 103
KAYNAKLAR 107
EKLER 114

TABLO LİSTESİ

Sayfa No:

Tablo 1.1. IS/IT Dış Kaynak Kullanımına İlişkin Müşteri Nedenleri......12
Tablo 1.2. Taşeron Firmaların İnsan Kaynakları Yapısı......................13
Tablo 1.3. Dış Kaynaklardan Yararlanma Süreci............................38
Tablo 1.4. Teklif Formunun Bölümleri..40
Tablo 1.5. Başarılı Bir İşbirliği İçin Yapılması Gerekenler..................50
Tablo 1.6. Uzun Vadeli ve Kısa Vadeli Outsourcing'in Kıyaslanması......50
Tablo 1.7. Dış Kaynaklardan Yararlanılan Konular.........................56
Tablo 1.8. Dış Kaynaklardan Yararlanılan Firmalar, Konular ve Yılı......57

GİRİŞ

İşletme Yönetimi, Yönetim ve Organizasyon gibi kavramları daha iyi anlayabilmek için yönetim düşünce sisteminin tarihsel gelişimine bakmak gerekir.

İnsanlar kendi başlarına çoğu işi başaramazlar. Bu nedenle daha insanlık tarihinin başlangıcında, insanlar amaçlarına ulaşmak ve gereksinimlerini karşılamak için diğer insanların yardımına ihtiyaç duymuşlardır. Asıl amacı ne olursa olsun sonuca ulaşabilmek üzere diğer bireylerle işbirliği yapan insan, üyesi bulunduğu grubun ortaya koyduğu işbirliğinin ürünlerini alınca, düşüncelerini gerçekleştirebilmek, dağınık ve değişik olanakları birleştirmek, bir uyum içinde ortak amaca ulaşabilmek için bir eşgüdümlemenin var olması gerektiğine inanmışlardır. Bu anlamı ile yönetim, insan işbirliğinin tarihi kadar gerilere gitmektedir. Yönetimle ilgili kaynakların insanlık tarihinin ilk çağlarına kadar gittiğini düşünen bilim adamları olmasına rağmen bu alandaki sitemli gelişmenin 19. ve 20. yüzyıl başlarındaki çalışmalara, özellikle Frederick Winslow Taylor'un çalışmalarına dayandırmak daha doğru olur (Budak, 2004: 29-30).

Günümüz yazarlarına göre yönetim düşüncesi tarihsel olarak klasik (geleneksel) yönetim düşüncesi, neoklasik (davranışsal) yönetim düşüncesi, modern yönetim düşüncesi ve postmodern yönetim düşüncesi gibi sınıflara ayrılmıştır. Postmodern yönetim uygulamaları içerisinde ise toplam kalite yönetimi, dış kaynaklardan yararlanma (outsourcing), kıyaslama (benchmarking), ve işgören güçlendirme (empowerment) kavramları yer almaktadır. İnceleme konusu olan dış kaynaklardan yararlanma uygulamaları yakın geçmişte olduğu gibi gelecekte de önemli bir yönetim aracı olmayı sürdürecektir. İşletmelerin ve kurumların her geçen gün büyüyen ve güçlenen dünya şirketleri ve kurumları ile rekabet edebilmeleri ve ayakta kalabilmeleri, işlerini iyi bir şekilde yapmalarına bağlıdır. Bu da işletmenin veya kurumun ana işine odaklanması ile çok yakından ilgilidir. İşletmelerin ve kurumların ana işlerine odaklanabilmeleri için ana işleri dışında kalan işleri başka firmalara yaptırmalarına yani dış kaynak kullanımı uygulamalarına gitmelerine bağlıdır.

    Bu çalışmanın amacı Kafkas Üniversitesinde dış kaynaklardan yararlanma uygulamalarını inceleyerek bu çalışmanın faydalarını ve sakıncalarını tespit etmek ve uygulanması düşünülen diğer dış kaynaklardan yararlanma uygulamalarına ışık tutmaktır. Dış kaynaklardan yararlanma uygulamaları önemli maliyet avantajı sağlamaktadır.

    Dış kaynak kullanımı uygulamalarından başarı sağlayabilmenin bir takım şartları vardır. Bu şartların en önemlisi, dış kaynak uygulamalarının iyi bir biçimde anlaşılması ve uygulanmasıdır. Dış kaynak kullanımın sağladığı yararların başında maliyet avantajı olmasına rağmen, bunun yanında, sabit maliyetleri değişkene dönüştürmek, öz yeteneği geliştirmek, esnekliği arttırarak hız kazanmak, teknolojik yenilikleri izlemek, riski azaltmak, başarılı işletmeler arasına girmek, yatırım harcamalarını azaltmak ve kaliteyi arttırmak gibi yararları da sağladığını göz ardı etmemek gerekmektedir.

    Dış kaynak uygulamalarının istenen düzeyde fayda sağlaması ve başarı şansının artması için taşeron firma seçilirken alanında uzman, güvenilir, finansal yapısı sağlam firmalar seçilmelidir. Taşeron firmaya, işletme hedefleri çok iyi anlatılmalı, sözleşme iyi hazırlanmalı, dürüst ve güvenilir taşeron seçilmelidir. Ayrıca değişime karşı koymanın düşük olduğu işlerin seçilmesi, başarı şansı yüksek iş süreçlerinin seçilmesi ve iş ortakları arasında takım bilinci yaratılması gibi konulara en üst düzeyde özen gösterilmelidir.

Olması gereken bu görüntüye rağmen, inceleme konusu olan Kafkas Üniversitesinde dış kaynak kullanımı esnasında bazı aksaklıklara rastlanılmaktadır. Dış kaynak kullanımı uygulamaları incelenen Kafkas Üniversitesi, büyük sayılabilecek bir istihdam yaratıyor olması ve Doğu Anadolu bölgesinde büyük bir eğitim açığını kapatıyor olması münasebetiyle önem arz etmektedir.

Çalışma dört bölümden oluşmaktadır. Birinci bölümde, dış kaynak kullanımı kavramının genel bir tanıtımı, dış kaynak uygulamalarının tarihi gelişimi, dış kaynağın dünyada ve ülkemizdeki kullanım alanları, dış kaynak kullanımın türleri ve kamu sektöründe dış kaynağın kullanım alanları, temel yetenek kavramının tanımı ve özellikleri ele alınmaya çalışılmıştır.

İkinci bölümde dış kaynak kullanımı uygulamalarının getireceği yararlar ve sakıncalara, tek tedarikçi işletme kullanmanın yarar ve zararlarına ve dış kaynak uygulamalarının başarılı olabilmesi için gerekli şartlara değinilmiştir.

Üçüncü bölümde ise taşeron firma kavramı, taşeron firmanın tanımı ve özellikleri, dış kaynaklardan yararlanma süreci, dış kaynaklardan yararlanma modelleri ve stratejik dış kaynaklardan yararlanma konuları ele alınmıştır.

Dördüncü ve son bölümde ise dış kaynak kullanımının Kafkas Üniversitesinde uygulanması, ihale sürecinden hizmetin sonlandırılması aşamasına kadar örnekler verilerek açıklanmaya çalışılmıştır. Ayrıca sorunları ve işleyişi öğrenebilmek için sorulmuş sorulara verilen cevaplar doğrultusunda sorunlar tespit edilmeye çalışılmış ve çözüm önerileri sunulmuştur. Çalışmada, konu ile ilgili literatür taraması yapılmış, benzer uygulamalar incelenmiş, ilgili kurumdaki ilgili kişiler ile görüşülmüş ve gereken tespitler sayısal ve sözel olarak yapılmıştır.

BİRİNCİ BÖLÜM

DIŞ KAYNAKLARDAN YARARLANMANIN GENEL TEORİK ÇERÇEVESİ

Bu bölümde dış kaynaklardan yararlanma kavramının tanımı, dış kaynaklardan yararlanma uygulamalarının ortaya çıkışı ve gelişimi, dış kaynaklardan yararlanma uygulamalarının dünyada ve ülkemizdeki kullanım alanları, dış kaynaklardan yararlanmaya ilişkin müşteri nedenleri, dış kaynaklardan yararlanmanın türleri ve de Temel Yetenek kavramının tanımı ve özelliklerinden bahsedilecektir.

1.1. DIŞ KAYNAKLARDAN YARARLANMA KAVRAMI

1.1.1 Dış Kaynaklardan Yararlanma (Outsourcing)

Zamanla, insan veya para üzerine kurulan iş yatırımları, en düşük harcamayla ve zorluğu az; emin olan yolların kullanılmasına yönelmişlerdir. Eğer bir şirket rekabet ortamında üstünlük yakalamak istiyorsa ve bu üstünlüğü yakalamak için değişik olanaklara sahip ise, en yüksek kazancı en düşük harcamayla gerçekleştireceği yolu seçecektir (Hickman, Silva, 1990: 24).

Çağımızdaki bu tür organizasyonlarda görülen yönetim uygulamalarının başında "parthnership" (ortaklıklar) ve "outsourcing" (dış kaynaklardan yararlanma) gelir.

Outsourcing, geleneksel olarak şirketin kendi personel ve kaynaklarıyla yürüttüğü aktivitelerin dış kaynaklarla karşılanması olarak ifade edilmektedir (Atış 2002:1). Dış kaynaklardan yararlanma, ürünün imali için gerekli parçaların veya diğer katma değer oluşturucu faaliyetlerin dışarıdan sağlanmasıdır (Genç, 2004: 215). Bir başka tanıma göre outsourcing; bir şirketin süreç ve/veya işlemini dışarıdan bir firmaya delege etmesidir (Tatari, 2005: 1).

İşletmelerin sahip oldukları beceri ve yetenekleri esas alan işlerin dışındaki; öz veya temel yeteneklerin kullanılmadığı işlerin işletme dışarısındaki kendi alanında uzmanlaşmış başka işletmelerden almasına "outsourcing" veya "dış kaynak kullanımı" denir. Başka bir ifadeyle dış kaynak kullanımı; işletmelerin kendisine rekabet avantajı sağlayan faaliyetlere odaklanması, kendi uzmanlık alanına girmeyen faaliyetleri ise bu konuda uzmanlaşmış diğer işletmelere bırakması ve onlar aracılığıyla kalite standartlarına uygun biçimde sağlamasına denir. Literatürde "outsourcing" için "dış kaynak kullanımı"nın yanında dış kaynaklardan faydalanma veya yararlanma, dışsal tedarik mal ve hizmet satın alınması gibi terimler de kullanıldığı görülmektedir (Özbay, 2004: 6).

Outsourcing tek başına diğer uygulamalardan bağımsız olarak kullanılacak bir yönetim uygulaması değildir. Tam aksine, işletmeler kendi öz yetenekleri üzerinde yoğunlaştıkça outsourcing artmakta, outsourcing arttıkça ortaklık ve şebeke organizasyonları gelişmekte, buna bağlı olarak işletmeler küçülmekte ve daha çabuk karar verir hale gelmektedir (Koçel, 2001: 315). Outsourcing, işletmelerin kendilerine rakipleri karşısında rekabet avantajı sağlamak için kendi öz yetenekleri ile ilgili işleri, kendilerinin yapması öz yetenekleri dışındaki işleri ise dışardan tedarik etmesi işlemidir (Ertürk, 1998: 266).

Dış kaynak kullanımı, bir şirketin istenilen mal veya hizmeti üretmeyi, üretirken gereken tüm kapasiteyi işletme içinde sağlamayı daha az karlı veya bu işlem yapılamaz olduğunda gerçekleşir. Şirketler temel yeterliliklerine odaklanmalı ve diğer işleri dış kaynak kullanarak sağlamalıdır (Tan, 2002: 1). Dış kaynaklardan yararlanma uygulamaları hem üretim hem de hizmet sektöründe faaliyet gösteren işletmeler için söz konusudur.

İşletmeler yeteneklerini geliştiremezlerse rekabet üstünlüğü sağlayamazlar ve yaşamlarını sürdürmeleri zorlaşır. Bulunduğu durumdan memnun olan işletmeler dahi, duran stratejilerinde, sektörün büyüme hızı kadar büyümeyi gerçekleştirmek zorundadırlar. Aksi durumda işletme kademe kademe zayıflamaya başlar. Bu durum, stratejik yönetimdeki modernist düşüncede kabul edilemez bir yaklaşımdır. Çünkü modernist yaklaşıma göre, işletme sürekli olarak rekabet üstünlüğü elde etmeyi amaçlamalı ve amaçlara uygun stratejiler geliştirmeye çalışmalıdır. Ancak, işletmelerdeki bütün faaliyetler ve süreçlerin hepsinin geliştirilmesi mümkün olamaz.

Her işletme kendi temel yeteneklerini geliştirmeli ve onlar aracılığıyla rekabet etmeye çalışmalıdır. Ama bu durum her zaman mümkün değildir. Bu durumu mümkün hale getirmek için dış kaynaklardan yararlanma (outsourcing) önemli bir yetenek geliştirme yöntemidir. İşletmenin, kendisinin iyileştiremediği ve geliştiremediği yeteneklerini bu konuda uzman olan başka işletmelerden satın alması ve onun aracılığıyla kullanabilmesi durumunda dış kaynaklardan yararlanma (outsourcing) meydana çıkmaktadır (Ülgen, Mirze, 2004: 394).

Küresel olarak dış kaynaklardan yararlanma; iş gücü maliyetinin az olduğu ülkelerde taşeron kullanarak firmanın üretimini daha kaliteli ve daha ucuza yaptırarak dağıtımın, satış bölgelerine bu ülkeden gerçekleştirilmesidir. Bazı ülkelerde hem iş gücünün hem de hammadde kaynaklarının daha ucuz bol ve kaliteli olduğu bir gerçektir. Gümrük ve kotaların olmadığı devlet müdahalelerinin az olduğu ülkeler arasında üretimi dış ülkelerin kaynaklarına dayanarak yapmak daha ekonomiktir ve küresel açıdan ise önemli rekabet avantajı sağlamaktadır. Dış kaynaklardan yararlanma (outsourcing), küresel anlamda sadece üretim hizmet açısından değil dağıtım ve pazarlama yönünden de bir örgüt kurmak yerine dış ülkelerdeki güçlü dağıtım ve pazarlama kanalları bulunan işletmelerle yapılan anlaşmalar yoluyla sağlanabilmektedir. Ancak küresel firmalar müşteriyle sürekli ilişkide bulunmak ve kendi müşterisine hakim olmak için dış kaynak (outsourcing) uygulamalarını daha çok üretim faaliyetleri bakımından sürdürmekte pazarlama hizmetlerinde ise dış kaynakları daha az kullanmaktadır (Eren, 2001: 126). Amerika'nın ünlü ayakkabı firması Nike sattığı ayakkabıları kendisi üretmemektedir. Çünkü onları Uzakdoğu'daki imalatçılar kadar iyi üretmeleri mümkün değildir. Nike'ın bugün 40 tane fabrikası bulunuyor, fakat Nike bu fabrikalara kendisi sahip durumda değildir. Nike firmasının iyi olduğu başarılı olduğu alan ise şüphesiz pazarlamadır. Bunun yanında spor ayakkabılarının tasarlanması, üretimi değil, onların denenmesi, testlerinin yapılması Nike'ın yaptığı bir diğer iştir. Nike, asli iş olarak ayakkabıları, çok yüksek testlere tabi tutarak performanslarının yüksek olduğundan emin olmakta ve bu doğrultuda pazarlama faaliyetlerini gerçekleştirmektedir (http://www.kobifinans.com.tr). Ancak dış ülkelere yeni ihracata girişen firmalar hiç tanımadıkları pazarlarda doğrudan pazarlama ve satış örgütü kurmak yerine güvenilir ve güçlü bir dağıtım ağı olan firmalarla outsourcing anlaşması yaparak ürünlerini o ülkelerde güvenle satmaktadırlar (Eren, 2001: 126).

Outsourcing uygulamaları ülkemizin dışında da yaygın olarak kullanılmaktadır. Özellikle Japonya'da outsourcing uygulamaları oldukça yaygındır. Japonya'da montajcı işletmeler tedarikçi işletmeler ile çok yakın işbirliği (ortaklık) ilişkilerini geliştirmektedirler. Buna bağlı olarak da Japon işletmeleri tedarikçi işletmelerin bütün sorunlarıyla ilgilenmekte onlara kalite geliştirme, maliyet düşürme, personel eğitimi, örgütsel yapılarını geliştirme v.b konularında yardımcı olmaktadırlar. Ayrıca tedarikçi işletmelere kredi desteği sağlamaktadırlar (Ertürk, 1998: 267).

Bazı işletmeler bir mal veya hizmetin üretiminin çeşitli safhalarında işbirliği yaparak birbirlerini tamamlarlar. Bu işbirliklerine örnek olarak; tedarikçileri ve bayileri ortak etme, taşeronlaştırma ve fason imalatı verebiliriz.

Bütün bu açıklamalardan dış kaynaklardan yararlanmanın, işletmelerin kendi faaliyetlerini, sahip oldukları öz yetenekler çerçevesinde sınırlayarak diğer işletmecilik faaliyetlerini, bu konularda daha fazla yeteneğe sahip işletmelere bırakmaları olduğu anlaşılmaktadır. Örneğin gıda üretimi yapan bir işletmenin ürünlerinin dağıtım işini dış kaynak kullanarak yapması yada firmanın reklam hizmetlerini başka bir işletmeye yaptırması birer dış kaynak kullanımıdır.

1.1.2. Dış Kaynaklardan Yararlanma Uygulamalarının Ortaya Çıkışı ve Gelişimi

Son yıllarda küreselleşme, iletişimin hızlanması bilgi işlem teknolojisinin gelişmesi, bilginin önem kazanması, tüketicilerin daha bilinçli olması gibi bir çok unsur sebebiyle rekabet artmış ve uluslararası bir boyut kazanmıştır. Bunun sonucu olarak işletmelerin ulusal ve uluslararası alanlarda rekabet edebilmeleri için farklı şekilde yönetilmelerinin gereği ortaya çıkmıştır.

Taner YAZICI'nın Onur ONGUN'un "Outsourcing" adlı makalesinden aktardığına göre: Üçüncü bin yılın iş dünyasının kuralları bilgi, gelecek odaklılık ve değişim temel kavramları etrafında şekillenmektedir. Değişim olgusu özellikle iş hayatının her alanında etki etmiş tek bir şeyi ifade etmektedir ve hızına uyum sağlayamayanlara yaşam şansı tanımamaktadır. Yirmi birinci yüzyılın iş dünyasında ayakta kalabilmek ve değişken bir organizasyon yapısına sahip olabilmek için işletmeler dış kaynaklardan yararlanma (outsourcing) gibi uygulamalardan azami ölçüde yararlanmalıdırlar. "Do your best outsource rest – kendi işinin en iyisini yap, gerisini dışarıya ver" ifadesiyle açıklanabilen dış kaynaklardan yararlanma (outsourcing) kavramı özellikle son yıllarda çok yaygınlaşmış ve önem kazanmıştır (Yazıcı, 2003: 3).

1990'lı yıllara kadar, işletmeler her türlü işi kendileri yapıyorlar, dışarıya iş yaptırma olayına ise pek sıcak bakmıyorlardı. İşletmelerin tüm işleri kendi bünyelerinde yapması bir gücü ifade ediyordu. İşlerin bir kısmının dış kaynak kullanımı (outsourcing) yoluyla yapılması bir yönetim stratejisi olarak benimsenmesinden değil işletmenin her işe hakim olamamasından kaynaklanıyordu. Bu durum işletmelerin bir işte uzmanlaşmasına engel oluyor, çalışanlar ise gereksiz işlerle uğraşırken asıl hedeflere odaklanamıyordu. Böylece karar alma süreci yavaşlıyor, işletme yapıları da gittikçe hantallaşıyordu. 1990'lı yıllardan sonra ise işletmelerdeki yönetim, düşünce ve uygulamalarında pek çok değişik görüşler ortaya çıkmıştır. Bu yeni görüşler, işletmelerin yapılanmaları yönetim süreçleri ve işletme faaliyetleri ile ilgili konularda kalıplaşmış olan pek çok uygulamayı anlam itibariyle değiştirmiştir. Bu değişimle birlikte teknoloji ve küreselleşmenin etkisiyle karmaşıklaşan işletme yapıları ve artan rekabet "temel yetenek" ve "dış kaynak kullanımı" kavramlarını ortaya çıkarmıştır. Temel yetenekler işletmede belirlendikten sonra kalan işler için dış kaynak kullanılmıştır. Gün geçtikçe bu kavram işletmelerde yaygın hale gelmiş ve her alanda uygulanarak işletmelerin vazgeçilmez bir parçası haline gelmiştir. İlk dış kaynak kullanımı uygulamaları; günümüzden yıllar önce Amerikan Otomotiv Endüstrisinde, yedek parça üretimi konusunda ortaya çıkmıştır. Daha sonraları, maliyetleri düşürmedeki olumlu etkisi, diğer işleri gerçekleştirebilmek için serbest personel yaratması gibi personel tasarrufu etkilerinden dolayı işletme içinde gerçekleştirilen çeşitli faaliyetlerin dış işletmelerden tedarik edilmesi yoluyla dış kaynak kullanımı (outsourcing) uygulamaları yaygınlaşmıştır. Bu yaygınlık günümüzde o kadar ilerlemiştir ki kuruluş amacı yalnızca dış kaynak kullanımı işlevini yerine getirmek olan işletmeler ortaya çıkmıştır. Çeşitli kuruluşların bilgi işlemle ile ilgili işlemlerini yapan donanım ve yazılım işletmeleri bunlara örnek olarak gösterilebilir (Özbay, 2004: 7-8).

1.1.3. Dış Kaynaklardan Yararlanmanın Dünyada ve Ülkemizdeki Kullanım Alanları

Outsourcing son zamanlarda sanayileşmiş dünyada giderek yaygın bir olgu haline geldi. Üretim organizasyonunda outsourcing'in önemli bir unsur olduğu endüstrilere örnek olarak: uçaklar, arabalar, bilgisayarlar, mobil telefonlar, video sistemleri, mekanik saatler vb. gösterilebilir (Buehler, Haucap, 2006: 325-326). Günümüz iş dünyasında birçok dev şirket kendi işine odaklanarak diğer birçok işini dış kaynak kullanımı ile gerçekleştirmektedir. Bunun en iyi örneklerinden biri, General Motors'un (GM) Bilgi Teknolojileri Grubudur. GM, 1980'li yılların ortasından beri %100 dış kaynak kullanımını uygulamaktadır. GM grubu 1996 dan itibaren köklü bir değişim geçirerek, yıllık bilgi teknolojileri bütçelerini 4 milyar dolar iken bunun 1 milyar dolardan fazla oranda aşağısına çekmiştir (Tatari, 2005: 2).

Outsourcing pek çok şekilde olabilir. Bazıları onu bir firmanın düzenli çalışanlarına daha yüksek ücretler ödemekten kaçınmak için geçici olarak çalışan kiralaması olarak tanımlamaktadır. Genellikle *outtasking* veya *labor contracting* olarak tanımlanan bu süreç, firmaya kısa dönemli (işgücü) ihtiyacını karşılamasında yararlı olur. Bununla beraber, outsourcingin kapsamı geçici işgücü kullanımının ötesine geçmektedir (Allen, Chandrashekar, 2000: 26).

Outsourcing bilgi sistemleri (IS) alanında da önemli bir strateji oldu ve son zamanlarda hızla büyüdü. Bazı analistlere göre bu büyüme yakın gelecekte de devam edecektir. Örneğin Forrester'ın tahminlerine göre; Avrupalı şirketler bilgisayar outsourcing'i alanında 2008 yılında 128 milyar dolardan fazlasını harcayacak ve Gartner Grubu dünya çapında bilgi teknolojileri (IT) outsourcing'i piyasası yıllık %7.2'lik bir büyümeyle 2003 yılındaki 180.5 milyar Amerikan doları kardan 2008 yılında 253.1 milyar Amerikan doları kara yükselecektir. Bazı büyük IS outsourcing sağlayıcıları şunlardır: IBM, EDS, CSC, Hewlett Packard, Oracle, General Electric, HSBC. Bu geleneksel şirketler son yıllarda Consulting, Infosys, Wipro, Satyam, HCL-Perot ve Patni Computers gibi yeni gelişen Hindistan, Güney-Doğu Asya gibi ülkelerdeki ve bölgelerdeki firmalarla rekabet halindedir (Gonzalez, Gasco, Llopis, 2006: 821).

Bilişim sektöründe bundan yirmi beş yıl öncesinin "servis büro"ları, dış kaynak kullanımının ilk örneklerini oluşturuyorlardı. 1989-90 yıllarında ise BP ve Kodak gibi büyük şirketler bilgi sistemleri hizmetlerinin gerçekleştirilmesinde dış kaynak kullanımı yöntemine başvurdular. Bugün dünya çapında gittikçe artan sayıda kuruluş bilişim hizmetlerinin birçoğunu kendi birimlerine yaptırmak yerine dış kaynak kullanarak tedarik etmektedirler (Bilgen, 1999: 1).

Yapılan bir araştırmaya göre; Amerika'da dış kaynaklardan yararlanma uygulamalarının, muhasebe-finans konularında %18, genel yönetim konularında %78, insan kaynakları konusunda %51, lojistik konusunda %66 ve üretim konusunda ise %56 olarak kullanıldığı hesaplanmıştır (Greco, 1997: 50).

Dış kaynak kullanımı (outsourcing) kavramı uzun süre geleneksel anlamda kullanılmış ve daha çok taşıma, inşaat yani genel olarak daha az nitelik gerektiren işlerle sınırlı kalmıştır. Son zamanlarda ekonomik dalgalanmaların etkisiyle, teknolojik gelişmelerle artan rekabet ve globalleşmenin etkisiyle dış kaynak kullanımının (outsourcing) uygulama alanları da genişlemiştir. Özellikle aşağıdaki alanlarda dış kaynak kullanımı (outsourcing) hızla artmaktadır (Özbay, 2004: 8-9):

- İnsan kaynakları yönetimi (seçme-yerleştirme, ücretlendirme, performans değerlendirme, eğitim, kariyer yönetimi, danışmanlık, insan kaynakları bilgi sistemi v.b),
- Bilgi teknolojisi (bakım-onarım, uygulama, eğitim, yazılımı geliştirme v.b),

- Müşteri hizmetleri (saha hizmetleri, telefonla müşteri hizmetleri, bilgi sistemleri v.b),
- Muhasebe-Finans (vergilendirme, bordrolama, satın alma ve genel muhasebe işlemleri),
- Lojistik-Nakliye (ambarlama, postalama-dağıtım, bilgi sistemleri, operasyonlar),
- İdari işler (dosyalar, yazılı dokümanlar, fotokopi v.b),
- Satış-Pazarlama (reklam, tele pazarlama),
- Yemek, personel taşımacılığı, güvenlik, temizlik ve otomobil kiralama hizmetleri,
- Üretim, emlak ve yönetim alanlarında kullanılmaktadır.

Günümüzde dış kaynak kullanımı, farklı sektörlerde yaygınlaşan ve giderek daha fazla alana yayılan bir kavramdır. Otomotiv, perakendecilik, beyaz eşya, gıda, tekstil, inşaat ve ilaç sektöründe dış kaynak kullanımı oldukça yüksektir. Hem hizmet hem de mal üreten işletmelerde dış kaynak kullanımı oldukça yüksektir.

Dış kaynak kullanımı (outsourcing) uygulamaları son zamanlarda ülkemizde de önem kazanmış ve uygulama alanları yaygınlaşmıştır. Bunun nedeni artan rekabet, küreselleşme ve bilgi işleme teknolojisindeki gelişmeler doğrultusundaki rakip işletmelerin güçlerini arttırmaları endişesi olmuştur. Türkiye'de bu örneklerin en çok bilineni "yemek temin hizmetleri" ve "personel taşıma servisi"dir. Pek çok işletme kendi servis olanaklarına sahip olmak yerine esas işi taşımacılık hizmeti yapmak olan firmaların hizmetlerinden yararlanmaktadır. Aynı şekilde pek az işletme bünyesinde yemek pişirip personeline yemek servisi vermektedir. Bunun yerine asıl işi yemek hazırlama olan firmalardan bu hizmeti almaktadır.

Ayrıca inşaat sektöründe görülen taşeron (tedarikçi kullanma) veya imalat konularında fason üretim olarak bilinen uygulamalarda birer dış kaynak kullanım örneğidir. Bunun yanında temizlik hizmetlerinde ve güvenlik hizmetlerinde de yoğun olarak dış kaynak kullanılmaktadır. Sigortacılık, eğitim, insan kaynakları, muhasebe ve finansal yönetim, teknik servis ve bakım, satış ve pazarlama, üretim, seyahat, nakliye, bilişim teknolojisi, araştırma-danışmanlık alanlarında da dış kaynak kullanımı oldukça yüksektir (Özbay, 2004: 9).

1.1.4. Dış Kaynaklardan Yararlanmaya İlişkin Müşteri Nedenleri

Burada yüklenici firmalardan, müşterilerin kurum içi IS/IT işlevindeki değişimleri ve dış kaynak kullanımına yönelik yaklaşımları örneklendirilerek sonuçlandırılmaya çalışılacaktır. Ayrıca Pınnıngton ve Woolcock'un yaptığı araştırmaya göre; yüklenici firmaların, uluslar arası IS/IT dış kaynak kullanım pazarına ilişkin bir değerlendirme yapmaları, şirket yapıları, strateji ve insan kaynakları yönetimi konularında açıklama getirmeleri talep edilmektedir. Pınnıngton ve Woolcock 104 firmadan oluşan listeden 11 dış kaynak tedarikçisi firma üzerinde araştırma yapmışlardır. Bu 11 firmanın 4 tanesi dünya pazarının %15 ini elinde bulunduracak büyüklükte olup; 5 tanesi orta ölçekli, geriye kalan 2 tanesi ise niş tedarikçidir. Bu 11 firmanın 16 değişik soruya verdikleri cevaplar ve toplamları aşağıdadır.

Tablo 1.1. IS/IT Dış Kaynak Kullanımına İlişkin Müşteri Nedenleri
(Taşeron Firmalardan Görüşülen Kişilere Göre)

	Yüklenici Firmalar											
	a	b	c	d	e	f	g	h	i	j	k	Toplam
Maliyet Düşürme	1	1	1	1	1	1	1	1	1	1	1	11
Yeni Teknoloji Kullanımı	1	1	1	1	1	1		1	1		1	9
Öz Yetenek Olarak Görülmeyen IS/IT	1	1	1		1	1		1	1		1	8
Yeni IS/IT Becerilerinin Kullanımı	1		1	1				1	1		1	6
Yönetimin ve Tüketicilerin Şu Anki IS/IT Hizmetinden Memnuniyetsizliği	1			1	1				1		1	5
Değişen IS/IT Talebini Karşılamaya Yönelik Gelişmiş Esneklik	1		1	1								3
Satıcı Tanıtımı					1				1			2
Gelişen Dış Kaynak Kullanım Pazarı				1					1			2
Karlılık Baskıları									1			1
IS/IT Maliyetlerini Değiştirerek Gelişen Kontrol						1						1
Yeni Tepe Yöneticilerinin İstihdamı									1			1
Nakit Eksikliği									1			1
Küçülme									1			1
Nüfusun Dondurulması												0
Endüstrideki Alışkanlıklar												0
Şirketin Dış Kaynak Kullanım Hizmetlerinde İlerleyen Kısmı												0

Kaynak: (Pınnıngton ve Woolcock, 1997: 203).

Görüşme Yapılan kişiler, seçmeli dış kaynak kullanımı anlaşmalarında hızlı bir artışı ifade ederken; büyük anlaşmalarda ise yavaş ve sürekli bir artış olduğunu belirtmişlerdir. Taşeronlar tarafından sunulan yönetim hizmetleri, şirketin kendi IT fonksiyonundaki personel azalımı sonucu artmaktadır. Müşteri şirketleri de taşeronlar gibi, beklentileri yerine getirmeme ve sözleşmeden doğan kuralları ihlal etme şeklinde fırsatçı bir şekilde davranmaktadır. Yüklenici firmalardan görüşülen kişiler, özellikle maliyet düşürme konusunda müşteri şirketlerin IS/IT dış kaynak kullanımına ilişkin olarak öne sürdüklerine benzer nedenler belirtmişlerdir. Bu tablo, müşterilerin artan iç ve dış kaynak kullanımına ilişkin olarak öne sürdükleri nedenler konusunda taşeronların açıklamalarını ifade etmektedir (Pınnıngton ve Woolcock, 1997: 203).

1.1.4.1. Taşeron Firmaların İnsan Kaynakları Yapısı

Tablo 1.2. Taşeron Firmaların İnsan Kaynakları Yapısı

Satıcı Firma	Birleşik Krallıktaki Toplam İnsan Kaynakları	Dış Kaynak Kullanımında Tam Zamanlı İstihdam Edilen Kişi Sayısı	Müşterilerden Doğrudan Transfer Edilen Çalışan Miktarı	Satıcıların IT Dış Kaynak Kullanımına İlişkin İşletme Güçleri
a	1600	260	%16	Uygulamaların gelişimi, sistem bütünleşmesi, donanım arzı/hizmeti
b	2400	900	%38	Danışmanlık, uygulamaların gelişimi ve yerine getirme
c	2000	230	%12	Uygulamaların gelişimi ve eğitim
d	3000	1250	%22	İletişim ağı, sistem bütünleşmesi, donanım arzı/hizmeti
e	1900	400	%20	FM, uygulamaların gelişimi, sistem bütünleşmesi
f	3700	1900	%54	FM, danışmanlık, uygulamaların gelişimi
g	2100	1200	%60	FM, sistem bütünleşmesi, danışmanlık
h	3000	2000	%55	FM, sistem bütünleşmesi, danışmanlık
i	1100	600	%36	FM, uygulamaların gelişimi, danışmanlık
j	260	220	%15	Dağıtılmış sistemler, eğitim, danışmanlık
k	900	900	%60	FM, uygulamaların gelişimi, işletme süreç yönetimi

Kaynak: (Pınnıngton ve Woolcock, 1997: 204).

Genel olarak taşeronlar, istihdam koşulları ve çalışan motivasyonu ile ilgili olarak inisiyatifi elinde tutan bir şekilde davranmanın önemini vurgulamışlardır. Örneklemedeki büyük taşeron firmaların insan kaynakları, müşterilerden transfer edilen dış kaynaklı çalışan miktarının %10 ile %60 arasında değişen oranıyla artış göstermiştir. Bir taşeron firmanın tepe yöneticisi, %51'lik büyümelerini, şirketlerine katılan yeni personelle ve bu personeli etkili hale getirebilmek için yaptıkları çalışmalarla açıklamıştır. Bunun yanı sıra satıcı ve müşteri, sözleşmeden doğan esasların dışında iş gören transferlerinin nasıl düzenleneceği konusunda da anlaşmalıdır. Aniden ortaya çıkan pazar ise; büyük, orta ve küçük ölçekli satıcı firmalardan oluşmaktadır. İlk basamakta uluslar arası kapasitelerini geliştiren, birlikte çalışmayı tercih etmeyen ve IS/IT uzmanlığı konusunda çok disiplinli bir alan sunan büyük oyuncular yer almaktadır. İkinci basamakta zaman zaman bir dış kaynak kullanım anlaşması üzerinde birlikte çalışacak ve ilk basamak oyuncularıyla da irtibat kuracak orta ölçekli oyuncular bulunmaktadır. Üçüncü basamak, bir ya da iki büyük sözleşmeye bağlı olan çok sayıda küçük oyuncudan oluşmaktadır. Pazardaki eğilim; üçüncü basamağa yeni küçük oyucuların katılmasının sağlanması, ikinci basamaktaki orta ölçekli satıcı şirketlerin hedeflenen sektörlerde IS/IT hizmetlerindeki itibarlarını arttırmaları, tepe basamaktakilerin ise daha karlı ve insan kaynaklarının yoğun olduğu IT stratejisi, danışmanlık, sistem bütünleşmesi, işletme süreç yönetimi gibi alanlarda genişlemesi yönündedir (Pınnıngton ve Woolcock, 1997: 204-205).

1.1.5. Dış Kaynaklardan Yararlanmanın Türleri

Bazı işletmeler bir mal veya hizmetin üretiminin çeşitli safhalarında iş birliği yaparak birbirlerini tamamlarlar. Bu işbirlikleri değişik şekillerde ortaya çıkabilir (Dinçer, 1998: 290):

1.1.5.1. Yararlanılan Dış Kaynağın Çeşidine Göre Sınıflandırma

Yararlanılan dış kaynağın çeşidine göre 7 çeşit sınıflandırma yapılabilir (Özbay, 2004: 19-21).

1.1.5.1.1. Geleneksel Dış Kaynak Kullanımı

Bu yaklaşımda hizmeti veren işletme satın alma işlemleri, insan kaynakları, donanım ve ilgili diğer faktörleri temin etme garantisi vermektedir. Bu sistemin başarılı olabilmesi için uzun dönemli bir anlaşma yapılması gerekmektedir. Yemek, havalandırma ve soğutma sistemleri güvenlik kurye-lojistik hizmetleri aydınlatma, teknolojik alt yapı desteği, dekorasyon, tanıtım ve reklam işleri, iş giysileri, poşet, ambalaj, broşür ve alışveriş kartları yaptırılması bunlara örnektir.

1.1.5.1.2. Danışmanlık İşletmelerinden Yararlanma

Danışmanlık işletmeleri özel olarak yetiştirilmiş elemanları bünyesinde bulunduran problemin çözüm yollarının önerilmesi analiz edilmesi gibi hizmetler veren işletmelerdir. Günümüzde kullanım alanları hukuk danışmanlığı, insan kaynakları yönetimi, halkla ilişkiler vs. dir.

1.1.5.1.3. Bağımsız Çalışanlardan Yararlanma

İşletmenin ihtiyaç duyduğu konularda o konuda uzman kişilerden yararlanılarak tedarik etmesidir. Akademik birikimi olan kişilerden ve profesyonel iş hayatı içinde olan kişilerden yararlanma olarak iki şekilde olabilir.

1.1.5.1.4. İş Gören Kiralama

İşletmeler ihtiyaç duyduğu alanlardaki uzmanları ücret karşılığında kiralayarak hizmetlerinden yararlanabilmektedir. Böylece kendi bünyesinde uzman istihdam edip onların getireceği maliyetlerden kurtulmuş olacaktır.

1.1.5.2. Yararlanılan Konunun Kapsamına Göre Sınıflama

İşletme ihtiyacına uygun olarak hangi fonksiyonun dış kaynaklar aracılığıyla sağlanması hangi fonksiyonun ise kendi içerisinde sağlanması konusunda verilen karardır.

1.1.5.2.1. Fonksiyonlar Bazında Bütün Olarak Dış Kaynak Kullanımı

İşletmeler muhasebe, finans, pazar, insan kaynakları ve üretim gibi fonksiyonlarının tümünü dış kaynak kullanarak tedarik edebilir.

1.1.5.2.2. Fonksiyonlar Bazında Kısmi Olarak Dış Kaynak Kullanımı

İşletmeler bütün halindeki birinci kademe fonksiyonlardan ihtiyacına göre alt fonksiyonlar belirler ve o konuyu dış kaynak kullanarak temin eder. Örneğin insan kaynakları birincil fonksiyonun alt fonksiyonu olan insan kaynaklarını temin işini dış kaynak kullanarak yerine getirebilir.

1.1.5.3. Satıcı ve Müşteri Stratejilerine Göre Sınıflandırma

Satıcı ve müşteri stratejilerine göre iki taraflı strateji, müşteri egemen strateji, yüklenici egemen strateji ve yüklenici tercihli strateji olmak üzere dört guruba ayrılır (Pınnıngton ve Woolcock, 1997: 207-208).

1.1.5.3.1. İki Taraflı Strateji

Müşteri ve yüklenici örgütler arasındaki ilişkilerin dengeli olduğu açık ve rekabetçi bir pazar çevresinde görülmektedir. Burada IS/IT işlevi;

hem müşterilere hem de yüklenicilere maliyet esnekliği, uygun tahmin, kabul edilebilir risk düzeyi ve katma değer konularında destek olan karşılıklı stratejiyi uygulayan satıcı örgütlere dış kaynak olarak sağlanmaktadır.

1.1.5.3.2. Müşteri Egemen Strateji

Fark ve kuralın hakim olduğu bu strateji, müşteri tarafını tutarak uzun dönemde satıcı endüstrinin kapasitesini ve IS/IT işlevinin etkinliğini zayıflatmaktadır.

1.1.5.3.3. Yüklenici Egemen Strateji

Bu strateji de bir öncekinde olduğu gibi asimetrik bir ilişkiyi ifade etmektedir. Ancak bu defa baskın taraf yüklenici olup; uzun dönemde müşteri şirketin kapasitesi düşmektedir. Kaynakların bol olduğu şirketlerde satıcı egemen strateji, müşterinin eski konumunu devreye sokabilirken; kaynakların sınırlı olduğu durumlarda ise, satıcı tercihli stratejiye neden olabilmektedir.

1.1.5.3.4. Yüklenici Tercihli Strateji

Seçilmiş satıcı ile müşteri arasında her iki taraf için de kaynak yoğunluğu, değişkenlik, yüksek risk ve gelir getiren uzun dönemli katma değer ile karakterize edilebilen tercihli bir ilişki söz konusudur.

Sonuç olarak; dış kaynaklı IS/IT hizmetinin etkinliği, müşteri egemen ve yüklenici egemen stratejiler ile bozulmakta ve her iki tarafın karşılıklı yarar sağlayan stratejileri benimsemeleri önerilmektedir. Müşteriler ve yükleniciler, iki taraflı ve yüklenici tercihli stratejileri kullanarak IS/IT hizmetini geliştirebilirler (Pınnıngton ve Woolcock, 1997: 210).

1.1.6. Kamu Sektöründe Dış Kaynaklardan Yararlanma

Avrupa'da kamu sektörünün özelleştirilmesi 1995 yılında analistlerin beklentilerinin altında bir miktar olan 24 milyar dolara ulaştı. Analistlerin 1996 yılı özelleştirme tutarının 55 milyar dolar civarında olacağını tahmin etmelerine rağmen, bu tutar içine hesaplanmayan yeni bir tür kamu sektörü özelleştirmesi olarak teknolojik outsourcing, Birleşik Devletlerde ve uluslararası piyasalarda hızla ortaya çıktı. Hükümetler giderek artan oranda, özel sektörün hükümetlerin teknoloji altyapısını çalıştırma ve yönetme işine girmelerini izlemektedir. Outsourcing bir kamu kurumunun/kuruluşunun belirli fonksiyonlarının özel sektöre transfer edildiği farklı bir özelleştirme formudur. Genellikle, kamu kurumu belirli bir formda işlemeye/çalışmaya devam eder, diğer taraftan outsourcing sağlayıcı bu kurumun diğer hükümet kurumlarına veya kamuya sunduğu hizmetlerin sağlanmasının bilgi-teknolojileri kısmının yönetimi ile ilgilenir. Outsourcing faaliyetleri çok çeşitli şekillerde ve formlarda gerçekleşebilir, bir kurumun bütün faaliyetlerini içerebilir. Faaliyet alanı, sıradan ücret bordrosu hazırlamak gibi bir faaliyetten; kuruma temel bilgi-teknolojileri sunmaya kadar değişebilir. Outsourcing bir kurumun sadece teknolojik ihtiyaçlarına cevap aramakla kalmaz, (örneğin) kamuya ait parkların yönetilmesinden tutun hapishanelerin işletilmesine kadar bir çok teknoloji dışı faaliyet kolunu içerebilir (Gordon, Walsh, 1997: 267-268).

1.2. TEMEL YETENEK (CORE-COMPETENCE) KAVRAMI
1.2.1. Temel Yetenek (Core-Competence)

Dar anlamı ile temel yetenek (Core-Competence) kavramını yazar şöyle tanımlamaktadır: Kolektif öğrenme olarak tanımlanan öz yetenek kavramının tanımı için daha çok açıklık ve kullanabilirlik ifadesini kullanmak gerekir. Temel yetenek ve kabiliyet gibi yetenek kavramları eş anlamlı kullanılmaktadır. Hatta bu kavramları eğitim yetileri ve teknolojileri olarak ta tanımlıyorlar (Javidan, 1998: 61).

Temel yetenek (veya öz, çekirdek yetenek ve beceri), bir işletmeyi başka işletmelerden ayıran işletmenin vizyonunun gerçekleştirme de rol oynayan rakipler tarafından taklit edilemeyen bilgi ve beceriyi ifade etmektedir. Günümüzde ise temel yetenek şu anlama gelmektedir: Her işletme kendisine has bir temel yetenek geliştirmelidir. İşletmeye rekabet etme gücünü bu temel yetenek sağlayacaktır. İşletmelerde bu temel yetenek ile ilgili işlemler işletmenin kendi bünyesinde yürütülmeli diğer tüm işlemler için ise dış kaynak kullanılmalıdır. Bu şekilde hem organizasyon yapısı yalınlaşacak (lean organization), hem organizasyon hiyerarşisi azalacak. Bunun sayesinde ise üst yönetim stratejik konularda düşünmek için daha fazla zaman kazanacaktır (Koçel, 2001: 313).

Literatürde öz yetenek kavramıyla farklı terimlerin birbirleri yerine kullanıldığı görülmektedir. Örneğin Kenneth Andrew bir işletmenin neyi yaptığını değil neyi en iyi yaptığını ifade etmek için "ayırıcı yetenek" kavramını kullanırken bazı yazarlar da dinamik öğrenme sürecini daha ifade ettiği gerekçesiyle "öz beceri" kavramını kullanmaktadırlar. Benzer şekilde "örgütsel bilgi", "üstünlükler", "içsel kabiliyetler (internal capabilities)" gibi kavramlar da bazı yazarlar tarafından birbirleri yerine kullanılmaktadır. Hangi kavram tercih edilirse edilsin bu kavramların ortak özelliği rekabet avantajı yaratmada işletmenin sahip olduğu, bilgi, beceri, fiziksel sistem, yönetim sistemi ve davranış usulleri gibi potansiyel kaynağı ifade ediyor olmalarıdır. Kısaca işletme politikalarının seçiminde kritik öneme sahip olma bu terimlerin ortak noktasıdır. Bu kavramı ilk kez kullanan C. K. Prahalad ve G. Hamel öz yeteneği teknolojilerin bütünleşik bir yığını olarak tanımlamakta ve işletmeyi farklı ürün ve pazarlarda kullanılabilecek önemli rekabet yeteneklerinin bir birleşimi olarak görmektedirler. Jeffirey Lowenthall ise öz yeteneği, bir organizasyon için yerleşmiş, onunla bütünleşmiş ve kendisine rekabet üstünlüğü sağlayan veriler, yöntemler ve araçlar bütünü olarak tanımlamaktadır. Öz yetenek bir işletmeyi diğerinden ayıran rakipleri tarafından kolayca taklit edilemeyen ve ona rekabet üstünlüğü sağlayan ve işletme vizyonunu gerçekleştiren bilgi, beceri, sistem ve yöntemleri ifade etmektedir (Doğan, 2003: 11-12).

1.2.2. Temel Yeteneğin (Core-Competence) Özellikleri

Bir bilgi, beceri veya yeteneğin temel yetenek sayılabilmesi için genel olarak şu özellikleri taşıması gerekmektedir (Doğan, 2003: 12-18):

1.2.2.1. Az Bulunurluk

Rekabet avantajı açısından kaynak ve beceriler, aynı zamanda az bulunurluk özelliğine sahiptir. Rakip işletmelerin belirli bir beceri ya da kaynağa çok sayıda sahip olması bu beceri ve kaynağın rekabet avantajı olarak kullanılma olasılığını işletmeler lehine zayıflatmaktadır. Bu bir bakıma "belirli bir kaynak ya da beceriye şuanda kaç işletme sahiptir?" sorusuna cevap arama anlamına gelir. Örneğin global iletişim bilgisayar endüstrisinde birbirlerinin rakibi olan NEC ve AT&T işletmeleri son 10 yılda bu endüstrilerde ihtiyaç duyulacak aynı yeteneklerin çoğunu geliştirmektedirler. Ve bu yetenekler az bulunur özelliğe sahiptirler. Böyle olunca her iki firma birbirine karşı rekabet avantajı sağlamış konumdadırlar.

1.2.2.2. Güç Taklit Edilebilme

Birçok fiziksel kaynaklar kolayca taklit edilebilmektedir. Rakipler benzer fabrikalar kurarak işletmeleri, teknolojilerini taklit edebilirler. Fakat takım çalışması, kültür ve örgütsel usul ve yöntemlere dayalı yetenekleri taklit etmeleri çok güçtür. Bu kaynaklar kendilerine özgü yeteneklerin gelişimine katkıda bulunan işletmenin kendi tarihinin zaman içinde verdiği bir çok kararın kompleks bir sonucudur. Örneğin Hewlett Packard bölümler arasında işbirliğini ve takım çalışmasını teşfik etmek suretiyle kendine özgü bir işletme kültürü yaratmaktadır. Böylece Hewlett Packard'ın yazıcı, ploter ve bilgisayar gibi birçok üründe kendi teknolojisini kullanmasına ve bunun sayesinde de rakiplerine karşı rekabet avantajı sağlamasına olanak tanımaktadır. Rakip işletmelerin H.P'nin bütün teknolojisini kopyalaması mümkündür. Fakat H.P'nin kültürünü ve organizasyon anlayışını taklit etmeleri kolay olmamaktadır. Yani patent alma işletmeyi taklit edilmekten kurtaramazken takım çalışması, kültür, güven, dostluk gibi sosyal açıdan karmaşık yetenekler işletmeye taklit edilemeyecek bir üstünlük kazandıracaktır.

1.2.2.3. Ürün-Hizmetlerin Nihai Değerine Katkı Sağlama

Her zaman bir ürünün pazar değerinin o hizmetin üretiminde kullanılan tüm girdilerin parasal toplamından yani maliyet değerinin üzerinde olması beklenilir. Çünkü bu işletmenin kar elde etmesini ifade etmektedir. Bu açıdan bakıldığında öz yetenek o ürün-hizmetin maliyet ya da pazar değerine veya her ikisine olumlu bir katkı sağlıyor olması gerekir. Bir ürün-hizmetin üretim maliyetindeki bir düşüş rekabet açısından önemli bir avantajdır. Aynı şekilde müşteri istek ve taleplerinin üst düzeyde tatminini sağlayacak kaliteli ürün sunumu da işletmenin pazardaki payının artması anlamına gelmektedir. Kısaca tüm işletme faaliyetleri amacının pazar payı ve kar getirisi sağlayacak ürünce hizmetlerin üretimi olduğunu düşünürsek bu amaca katkı sağlamayan hiçbir beceri ya da kaynağın öz yetenek sayılmaması gerekir.

1.2.2.4. Çok Sayıdaki Ürün-Hizmeti Destekleme Potansiyeline Sahip Olma

Beceri ya da potansiyelin örgüt kültürüne ve tüm organizasyona yayılmış olması gerekmektedir. İşletmede iş görenlerin veya yöneticilerin kişisel becerileri tek başına ürün yaratmaya yetmez. Önemli olan bu yapının işlemesi ve bu yayılmış potansiyel ve enerjiden herkesin istifade etmiş olmasıdır.

1.2.2.5. Uzun Süreli Bir Rekabet Avantajı Yaratma

İşletmenin sahip olduğu beceri ya da kaynağın öz yetenek olduğunu söyleyebilmek için işletmenin rekabet gücünü bu öz yetenekten alması gerekir. Öz yeteneklere dayalı olarak elde edilmiş bir rekabet avantajı en zor koşullarda bile işletmenin mevcut konumunu korumasına ve onu daha da güçlendirmesine olanak sağlamaktadır. Örneğin Amerikan hava yolu işletmeleri 1990-1993 yılları arasında önemli gelir kayıpları yaşarken Southwest Airlines işletmesi aynı yıllarda karını 10 milyar dolara çıkarmıştır. Benzer bir durum 1980 ve 1990 yılları arasında da yaşanmıştır. Birçok çelik işletmesinin hisse senetleri piyasada değer kaybederken Nucor Steel'in hisse senetleri sürekli artış göstermiştir. Bu durum her iki işletmeninde kendi öz yeteneklerini bilinçli bir şekilde pazara yansıtabilmesinden kaynaklanmıştır.

1.2.2.6. Organizasyonun Stratejik Vizyonu ve Kararları İçin Temel Oluşturma

Öz yeteneklerinin bilincinde olan bir işletme bu öz yetenekleri ne için ve kimin için kullandığını ve bunları kullandığında nelerin yerine geldiğinin farkına varmaktadır. İşletme bir anlamda, ne yaptığının veya toplumda hangi fonksiyonu gerçekleştirmeye çalıştığının da cevabını vermiş olmaktadır. Aynı şekilde öz yetenekler işletmenin motive edici iş görenlerde güven uyandırıcı hedefi net bir şekilde gösteren anlaşılır vizyonlar geliştirilmesine de katkı sağlamaktadır. İşletmenin mevcut potansiyeline uygun kendi farkına pazara yansıtabilecek gerçekçi vizyon ve stratejilerin belirlemesine öz yetenekler rehberlik edecektir.

1.2.2.7. Bir Bireyin Becerisinden Daha Büyük Olma

Öz yetenek sadece bir iş görenin becerisi değildir. Öz yetenek iş görenlerin becerilerinden ve işletme kaynaklarının karışımından meydana gelmiş işletmeye özgü ayrı bir değer bütünüdür. Bu değer gücünü bir yöneticinin veya iş görenin varlığından değil tamamen işletmenin tarihsel süreç içindeki bilgi, beceri, teknoloji, deneyim ve birikimlerinden almaktadır.

1.2.2.8. İşletme Hayatı İçin Zorunluluk Arz Etme

Öz yetenekler işletmeler için bir binanın temeli gibidir. Yani işletmeyi ayakta tutmaktadır. Öz yetenekler işletmenin rekabet gücünün temelini oluşturmaktadır. Öz yeteneğin bir işletme olmaması halinde örgütsel dengenin sarsılması ve güç kaybıyla örgüt yaşamının tehlikeye girmesi söz konusu olur.

1.2.2.9. Rakipler Tarafından Görülememe

Günümüzde her işletme rakibinin her ürünlerini pazarlardan edinebileceği gibi gelişen teknoloji sayesinde onun sahip olduğu tüm fiziksel değerleri de kolayca görebilmektedir. Hatta teknoloji transferi sayesinde benzer ürünler çok kısa zamanda piyasaya sürülebilmektedir. Burada unutulmaması gereken husus o ürün ya da hizmete rekabet gücünü veren arkasındaki örgütsel dayanışma bilgi, beceri, tecrübe, yaratıcılık, takım ruhu ve öğrenme kültürü gibi o işletmeye ait unsurlardır. Ürün ya da hizmetler bir bakıma bu unsurların pazara yansımasıdır. Fakat özü değildir. Ne var ki rakipler öz yetenek olarak isimlendirilen bu unsurların varlıklarını hizmet ya da ürünlerde hissetmekle birlikte net olarak algılayamamaktadırlar.

1.2.2.10. Her Bir Organizasyonda Sınırlı Sayıda Var Olma

Öz yeteneklerin bir işletmeyi rakiplerinden ayırıcı bir beceriye ya da potansiyel olması itibariyle her organizasyon için sınırlı sayıda olması uygundur. Çünkü yetenek kavramına öz ifadesini veren onun sadece o işletmeye özgü bir yetenek olmasından kaynaklanmaktadır. Bu bir bakıma çevrenin sınırlı sayıda işletmenin yaşamasına olanak verdiğini ileri süren popülasyon kuramına benzer. Çünkü bir işletme kendisinde çok sayıda yetenek bulundurur ise bu olay rekabetin dengesini bozacaktır. Doğanın bile canlılara farklı yetenekler verdiğini düşünürsek bu husus daha iyi anlaşılır. Örneğin hemen hemen her kuş uçmasına rağmen kartalı diğer kuşlardan ayıran keskin gözlere sahip olmasıdır. Her balık yüzebilmesine rağmen köpek balığını diğer balıklardan ayıran öz yeteneği onun sürati ve keskin dişleridir. İnsan tüm bu yaratıklara rağmen çok zayıf kalsa da onun diğer canlılara hâkimiyet kurma olanağını veren öz yeteneği ise zekasıdır.

Doğada bile tüm yeteneklerin bir canlıya verilmemesine rağmen bir örgüte özgü olamayacağı da açık bir gerçektir. Bu arzulanan tam rekabet piyasasının varlığını garantiye alır.

1.2.2.11. Organizasyonlarda Kendini Farklı Şekilde Gösterme

Aynı sektörde faaliyet gösteren organizasyonlar bile tecrübe, yönetimi teknoloji, iş gören gibi unsurlar itibariyle birbirlerinden farklı özellikler gösterir. Bu özellikler öz yeteneklere yansır. Örneğin bir işletmede öz yetenek kendini katılımcı yönetim olarak gösterirken diğerinde ise etkin bir dağıtım sistemi olarak gösterilmektedir.

1.2.2.12. Süreklilik

Organizasyona özgü bir beceri ya da potansiyelin birdenbire kaybolması söz konusu değildir. Rekabet avantajı yaratmada süreklilik özelliğine sahip bu yeteneklerin desteklenmesi ve geliştirilmesi gerekmektedir. Bu husus ona süreklilik sağlayacaktır.

İKİNCİ BÖLÜM

DIŞ KAYNAKLARDAN YARARLANMA UYGULAMALARININ FAYDALARI / SAKINCALARI

Bu bölümde dış kaynaklardan yararlanma uygulamalarının faydaları ve sakıncalarından, tek tedarikçi işletme kullanmanın yararları ve sakıncalarından ve de dış kaynaklardan yararlanma uygulamalarının başarılı olabilmesi için gereken koşullardan bahsedilecektir.

2.1. DIŞ KAYNAKLARDAN YARARLANMA UYGULAMALARININ FAYDALARI

Tüm sektörlerde hızla yaygınlaşan dış kaynak kullanımı (outsourcing) işletme yapısını değiştirmektedir. İşletmelerin dış kaynak kullanımına başvurmaları çoğuna göre maliyet endişesi sebebiyle yapılmaktadır. Maliyet önemli olmakla beraber sadece dış kaynaklardan yararlanmayı maliyeti düşürmek sebebine bağlamak doğru olmaz. İşletmeler için her zaman maliyet önemli olmuştur. Fakat dış kaynak kullanım sebepleri farklılık arz edebilir. Bunları şu şekilde sıralayabiliriz:

2.1.1. Maliyetleri Azaltma

İşletmelerin dış kaynak kullanmasındaki en önemli neden maliyetleri azaltmaktır. İşletmeler kendi öz yetenekleri ile ilgili işlerin dışındaki işleri, dış kaynak kullanarak sağlaması işletmeye maliyet açısından aynı sektördeki diğer işletmelere göre maliyet avantajı sağlamaktadır. Dış kaynak sağlanılan tedarikçi işletmelerin yaptıkları işte uzman olmaları, kitle üretiminin etkinliğinden faydalanmaları, çalıştırdıkları iş gücünün bu konuda uzman olması ve işletmelerin yeni yatırım yaparken katlanacağı maliyetten daha düşük maliyetle işi gerçekleştirmeleri işletmeleri dış kaynak kullanımına sevk eden en önemli sebeptir (Özbay, 2004: 11-12).

2.1.2. Temel Yeteneği (Core-Competence) Geliştirme

Temel yeteneklerini geliştirerek rakip işletmelere karşı üstünlük sağlamak isteyen bir işletme temel faaliyeti dışındaki işleri taşeron firmalara devredebilir. Böylece etkin bir yönetime giden yola girmiş olur ve taşeron firmanın maliyet avantajından yararlanarak rakip işletmelere karşı avantaj sağlamış olur (Vassard, 2002: 1). İşletmenin başarılı olabilmesi için ürettiği mal veya hizmetin eş değerlerine göre üstün yönleri olmak zorundadır. Bunu gerçekleştirebilmenin yolu da ana işe odaklanmaktır. Temel yeteneklerini geliştirerek rakiplerine karşı üstünlük sağlayan bir işletme, esas faaliyet konusu dışındaki faaliyetleri taşeron firmalara devredebilir. Böylece hem küçülmüş olur hem de yönetimde etkinlik sağlanmış olur. Ayrıca esas faaliyeti işletmeninde yapmak istemediği fonksiyon üzerine odaklaşan taşeron firmanın maliyet avantajından yararlanılarak rekabet üstünlüğü sağlanmış olur. İşletmeler dış kaynaklardan yararlanarak ellerinde bulunulan tüm kaynakları belli bir noktaya yoğunlaştırarak uzmanlaşabilir ve dünyanın en iyisi olabilir.

2.1.3. Kaliteyi Arttırma

İşletmeler teknoloji ve bilgi alt yapılarındaki yetersizlikler, sosyal problemler, nitelikli personel bulmadaki güçlükler gibi sebeplerle dış kaynak kullanma kararı verebilirler (Quinn v.d., 1990: 82). İşletmeler temel yetenekleri dışında kalan ve sektörlerine, kendilerine rekabet üstünlüğü sağlayan alanlarda yüksek standartlardaki işi dış kaynak kullanarak yerine getirebilirler. Kalite müşteri beklentilerinin karşılanmasında ki en önemli faktördür ve yöneticiler bu konu ile ilgili eksikliklerini gidermek ve daha iyi hale gelebilmek için dış kaynaklardan yararlanma yolunu seçmektedirler.

2.1.4. Teknolojik Yenilikleri Takip Etme

Çetin DERİNÖZ'ün LACITY ve HIRCHHEIM' dan aktardığına göre, İşletmelerin dış kaynaklardan yararlanmalarının bir nedeni de kendi temel yeteneklerini daha etkin kullanabilmek için yeni teknolojiler sağlama ve yeniliklere ulaşmadır. İşletme yeni ürün geliştirme, tasarım, dağıtım, imalat gibi fonksiyonlarını dış kaynaklar kullanarak bu konularda yeni teknolojilere ulaştırma imkanını elde etmiş olacaktır. İşletmeler dış kaynaklardan yararlanmayı hizmeti aldıkları firmanın araştırma geliştirme departmanlarından yararlanarak teknolojiyi takip etmiş ve ekstra maliyetlerden kurtulmuş olurlar. İşletmelerin dış kaynaklar vasıtasıyla yeni teknolojilerden yararlanmaları bu konunun sağlayıcısı firma ile yapılan sözleşme sayesinde gerçekleşir. Bir işletme için teknolojik gelişmeleri takip edip ondan yararlanmak rakiplerine karşı avantaj sağlayacaktır. Teknolojik yenilikleri takip edebilme fırsatının olması dış kaynaklardan yararlanma uygulamalarının gelişmesinde ve yaygınlaşmasında önemli rol oynamaktadır. Dış kaynaklardan yararlanan bir işletme müşteri konumunda olması nedeniyle talep ettiği hizmet ya da ürünün en iyisi olmasını ister. Dış kaynaklardan yararlanma hizmeti veren işletmeler temel yeteneklerini talep edilen hizmet veya ürünler doğrultusunda geliştirdiği için bu beklentilere cevap verebilecek durumda olmayı isterler. Bu hedeflere ulaşabilmek için teknolojik yatırımlar, insan gücü ve yöntemin etkisiyle mümkün olmaktadır. Teknolojik yatırımların kısa vadede gerçekleştirilmesi mümkün değildir. Teknoloji sürekli yenilenmekte ve gelişmektedir. İşletmelerin sahip oldukları teknolojilerin sürekli yenileme imkanlarının olmaması veya yenilemenin daha maliyetli olması gibi sebeplerle işletmeler dış kaynaklardan yararlanırlar. İleri teknolojiyi kullanan bir işletmede çalışmak operasyonel mükemmelliği veya ürün kalitesini beraberinde getirir. Bu mükemmellik öylesine olumlu sonuçlar doğurur ki ortaklık sonucunda dış kaynağın sahip olduğu teknolojiden daha ileri teknolojilere ulaşılabilir. Dış kaynaklardan yararlanma teknolojik gelişme hedefleyen işletmeler için önemli bir basamaktır. Dış kaynak sağlayıcıları, daha çok uzmanlık ve teknolojik yenilikler gerektiğinde bu tür faaliyetlerin daha düşük maliyetler ve tamamen entegre olmuş bir firmanın yapabileceğinden daha fazla katma değer ile yapılabilmektedir (Derinöz, 2002: 55-56).

2.1.5. Küçülme (Downsizing)

İşletmelerin küçülme yolunu seçme nedenleri arasında maliyetleri düşürmek, karar sürecini hızlandırmak, müşteri ihtiyaçlarına odaklanma, verimliliği arttırmak, yeni fikirlerin kısa sürede uygulanmasını sağlamak sinerji arttırmak, kişisel sorumlulukları daha kolay izlemek ve haberleşmedeki bozulmaları azaltmak sayılabilir. Bu amaçları gerçekleştirebilmek için organizasyonlar bilinçli bir tarzda yapılmakta olan işleri, bu işleri yapan çalışanların sayısını, organizasyondaki hiyerarşi kademelerini ve mevkileri azaltmaktadır. Bu anlamıyla küçülme dış kaynaklardan yararlanma uygulamalarıyla alakalıdır (Koçel, 1998: 311-312). İşletmeler kendilerine rekabet avantajları sağlayan öz yetenek ile ilgili işlerin dışındaki tüm işleri başka işletmelere yaptırmak suretiyle hem kaynak tasarrufu yapmakta hem de küçülerek daha yalın hale gelmekte böylece kendilerini iyi bildiği iş üzerine yoğunlaşma fırsatı bulmaktadırlar.

2.1.6. Süreç Yenileme

İşletmelerin rekabet koşullarına uyabilmeleri ve müşterilerine daha kaliteli, hızlı ve ucuz hizmet sunabilmeleri amacıyla işletme bünyesindeki tüm iş yapma usullerinin gözden geçirilmesine ve yeniden yapılandırılmasına süreç yenileme denir. Konusunda uzmanlaşmış olan tedarikçi işletmeler, işletmenin müşteriye cevap verme süresini kısaltmakta ve bu sayede dış kaynak kullanarak süreç yenileme kazanımlarını arttırmaktadır. Sonuç olarak süreç yenileme müşteri isteklerine cevap verme süresinin kısaltılmasına bağlı olarak işletmelerin rekabet gücünün artmasını sağlar. Süreç yenileme çalışmalarını sonucunda işletme için katma değeri olmayan işlerin elenmesi ya da işletmenin temel yeteneklerinin kullanılmadığı faaliyetlerde dış kaynaklardan yararlanılması ve buna bağlı olarak etkinlik ve verimliliğin arttırılması mümkün olmaktadır (Özbay, 2004: 12).

2.1.7. Esnekliği Arttırma

İşletmeler kendi temel yetenekleri üzerinde yoğunlaştıkça dış kaynaklardan yararlanma artmakta buna bağlı olarak da ortaklık ve işletmeler arasındaki stratejik ilişkiler gelişmekte ve işletmeler küçülerek daha esnek, hızlı hareket eder ve karar verir hale gelmektedir (Koçel, 1998: 277-278). İşletmelerin çevredeki beklenmedik olaylara ayak uydurabilmesi için esnek yapıda olmaları onlara avantaj sağlamaktadır. Dış kaynaklardan yararlanma faaliyetleri arttıkça örgüt yapıları küçülerek daha yalın bir duruma geleceklerdir. Küçülmenin sonucunda da işletmeler daha hızlı karar alabilecek çevredeki değişikliklere hemen ayak uydurabilecek ve müşteri gereksinimleri en hızlı şekilde yerine getirtebileceklerdir.

2.1.8. Riski Azaltma

İşletmelerin yaptığı yatırımlar oranında riskleri de artmaktadır. Finansal koşullar, pazar koşulları, devlet sınırlamaları ve teknolojideki yenilikler çok hızlı değişmektedir. Bu değişikliklere ayak uydurabilmek için yapılan yatırımlarda risk de artmaktadır. Bu nedenle tedarikçi işletmelerle çalışmak yatırım maliyetlerini ortadan kaldırmakta, işletmeyi olabilecek bir riske karşı daha dayanıklı bir hale getirmekte, riski dağıtmakta, işletmeyi daha hızlı karar verir bir hale getirmekte ve işletmenin çevrenin koşullarına uyum sağlanmasını kolaylaştırarak rekabet avantajı sağlamaktadır (Özbay, 2004: 14).

2.1.9. Başarılı İşletmeler Arasına Girebilme

Yaptıkları işi rakiplerine göre daha iyi yapan işletmeler daha başarılı olurlar. Bu da işletmenin ana işine odaklanıp diğer işleri dış kaynaklar yoluyla başka işletmelere devretmesiyle ilgilidir.

2.1.10. Kaynak Transferi

İşletme daha önce fonksiyonlarını gerçekleştirirken kullandığı makine teçhizatı, binaları ve izin belgesini taşeron firmaya satabilir. Sözleşmenin bir parçası olarak işletme işini tasfiye eder ve tesislerini genellikle taşeron firmaya satar (Karayılmazlar, 1995: 24). Bu kaynakların satışından işletme nakit para kazanır. Taşeron firma da kendisine devredilen bu aktifleri kullanarak işletmeye ihtiyacı olan fonksiyonları sağlar.

2.1.11. Kontrol Dışı Fonksiyonlar

İşletmeler etkin olmayan bir fonksiyon için dış kaynaklardan yararlanabilir. Bir fonksiyonun yönetilmesinde zorluklar ile karşılaşıldığında işletmenin öncelikle zorlukları aşabilmek için gereken kaynakları belirlemesi gerekir. Gerçek sorunun ne olduğu belirlenmedikçe, bu iş için gerekli tedarikçi işletme ile bağlantıya geçmek doğru değildir. Fakat sorunun tespitinden sonra dış kaynak kullanarak etkin olmayan faaliyetler etkin ve verimli hale getirilir. Böylece faaliyetler kontrol altına alınmış olur (Özbay, 2004: 14).

2.1.12. Kaynakların Yeniden Dağıtımı

Her işletmenin sınırlı kaynakları vardır. İşletmeler bu kaynakları en iyi şekilde değerlendirmek zorundadır. Dış kaynaklardan yararlanma işletmelere kaynaklardan optimum şekilde yararlanma fırsatı tanır. Böylece işletmeler kaynaklarını önem taşımayan fonksiyonlardan müşteriye hizmet edebilecek kritik fonksiyonlara kaydırma imkânına kavuşurlar. Böylece işletme tamamen müşteri üzerine odaklanmış olur.

2.1.13. Yatırım Harcamalarını Azaltma

Dış kaynak kullanımı yoluyla işletmelerin teknoloji yatırımı yapmalarına gerek kalmamakta bu yatırımlara yapacakları kaynakları temel fonksiyonlarına kaydırmaktadırlar. Böylece işletmelerin teknolojik yenilikleri takip etmesi de kolaylaşmakta, tedarikçi işletmelerin araştırma-geliştirme fonksiyonlarından yararlanılarak daha düşük maliyetle bu işin gerçekleştirilmesi mümkün olmaktadır. Dış kaynak kullanımı, yapılacak yeni yatırımları ve ortaya çıkacak riski azaltmaktadır. Yatırım harcamalarının azalması sayesinde işletmeler sahip oldukları sermayeyi gerçek işlerine yöneltirler (Özbay, 2004: 15).

2.1.14. Finansal Kaynaklardan Yararlanma

İşletmenin elinde bulundurduğu sınırlı olan finansal kaynakları etkin bir şekilde kullanması işletmenin elinde olan bir durumdur. Finansal kaynaklar için işletmeler arasında önemli bir rekabet vardır. Finansal kaynakların nasıl değerlendirileceği konusu, yöneticilerin vermesi gereken önemli kararlardan birisidir. İşletmelerin elinde bulunan sınırlı finansal kaynakları etkin bir biçimde kullanmak yine işletmenin elindedir. Dış kaynak kullanımı, işletmeye bu imkânı tanımaktadır. Temel yeteneğimiz dışındaki işlere sermayenin aktarılması gereken yatırımları azaltmak dış kaynak kullanımı sayesinde olmaktadır. Bu sayede de temel yetenekle ilgili işlere daha çok sermaye aktarılmış olur (Özbay, 2004: 16).

2.1.15. Hız Kazanma

Dış kaynak kullanımı sayesinde işletmeler tedarik konusunda önemli ölçüde hız kazanmaktadır. Müşteri hizmetleri alanında servisin hızlı olması önemli bir kriter haline gelmiştir.

2.2. DIŞ KAYNAKLARDAN YARARLANMA UYGULAMALARININ SAKINCALARI

Dış kaynak kullanımı uygulamalarının esası, bazı işlemlerin işletme içinde ve işletmenin kendi kontrolü dahilinde yapması yerine, dışarıdan yaptırmaya dayanmasıdır. Bu sebepten dolayı aynı hedefe yönelmiş işletmeler arasında işbirliği doğmaktadır. Bu ilişkiler sonucunda dış kaynak kullanımı uygulamaları beraberinde bazı sakıncaları ve sorunları da getirmektedir.

2.2.1. Esnekliğin Kaybedilmesi

Uzun vadeli sorunların başında dış kaynaklardan yararlanan işletmelerin tedarikçi işletmeye aşırı bağımlı olması gelmektedir. Ortaklık diye de adlandırılabilen bu sıkı ilişki sonunda dış kaynaklardan yararlanan işletme, tedarikçi işletmeye bağımlı hale gelebilmektedir. Bunun sonucu olarak, dış kaynaklardan yararlanan işletme başlangıçtaki esnekliğini ve ilişkilerdeki kontrolünü kaybedebilir. Böylece tedarikçi işletmenin kalite ve fiyat koşullarına uymak zorunda kalabilir. Bu durumda başlangıçta rekabet avantajı sağlayacağı düşünülen bu uygulama işletmeyi dezavantajlı hale getirebilmektedir (Özbay, 2004: 39).

2.2.2. Gizli Bilgilerin Rakiplerin Eline Geçmesi

Dış kaynak kullanımına bağlı olarak işi veren ve işi yüklenen firma arasında oluşan iş ilişkisine bağlı olarak işi veren firma bazen gizli bilgilerini de işi yüklenen firmaya vermek zorunda kalabilir. Eğer işi yüklenen firma iyi seçilmemiş ise yani güvenilir bir firma değil ise işi veren işletmenin bu gizli bilgilerini rakip firmalara sızdırabilir. Bu durum zorlukların yaşanmasına ve işi veren işletmenin rekabet avantajını kaybetmesine eden olabilir.

2.2.3. Kalitenin Düşmesi

Dış kaynak kullanımında yaşanabilecek sorunlardan bir tanesi de daha önce üretilen üründe oluşabilecek kalite azalışıdır. İşi veren firma ile işi üstlenen firmanın kalite anlayışları aynı olmayabilir. Bu durum işletme açısından müşteri kaybına sebebiyet verebilir. Bu tür sıkıntılar ile karşılaşılmaması için işin verileceği firma iyi seçilmek zorundadır.

2.2.4. Niteliksiz Bir Tedarikçi İşletmenin Seçilmesi

İşin verileceği tedarikçi işletmenin seçimi titizlikle yapılmalıdır. Eğer titiz bir çalışma yapmadan doğru olmayan bir tedarikçi belirlenirse bu durum işletmeye zaman ve para kaybına neden olacaktır. Bu yüzden işletmeler tedarikçi seçiminde çok özenli davranmak zorundadırlar.

2.2.5. İşletmenin Yeteneklerini Kaybetmesi

Dış kaynaklardan yararlanma işletmelerin gelecekte var olabilmeleri için gerekli olan kritik öneme sahip öz yeteneklerini zayıflatmaktadır. İşletme mal ve hizmetlerin üretimi sırasında elde ettiği bilgi ve yeteneği dış kaynaklardan yararlanarak kaybedebilir ve yeni ürünler imal edilebilmesi için yapacağı yatırım harcamalarını azaltabilir ya da kesebilir. Sonuç olarak, dış kaynaklardan yararlanarak taşeron firma ile ilişkiye giren işletme kendi eli ile kendisine rakip yaratmış olacaktır. Taşeron firmanın işletmenin tüm beceri ve yeteneklerini öğrenmesi yüzünden işletme rekabet avantajını yitirmiş olacaktır. Bu nedenle işletmenin dış kaynaklardan yararlanma uygulamalarında başarılı olabilmesi için taşeron firma ile arsındaki ilişkileri dikkatli yürütmelidir. İşletmeler arasında kurulan uzun vadeli ilişkiler bir işletmeye partnerinin dokusunda derinlemesine yer etmiş yetenekler hakkında fikir vermektedir. Fransız elektronik firması Thomson, video kayıt cihazları üretimindeki partneri JVC'den çok şey öğrenmiştir. İki şirket arasında ilişki başladığı zaman Thomson şirketi video kayıt cihazının üretimi hakkında pek bir şey bilmiyordu. Aradan 6 yıla yakın bir süre geçtiğinde Thomson şirketi JVC'nin hiçbir yardımı olmadan Singapur'da video kayıt cihazlarını üretmeye başlamıştı. Burada üzerinde durulması gereken nokta, uzun vadeli ilişki kurulacağı zaman ilişkiye girilecek firmanın sizin temel bilgi ve becerilerinizi ithal etmemesi için gereken önlemler alınmalıdır. Yoksa kendinize kendi elinizle rakip oluşturmuş olursunuz (Arsoy, 2001: 88).

2.2.6. Personel Üzerindeki Kontrolün Zayıflaması ve Yitirilmesi

Dış kaynaklardan yararlanma uygulamalarında en önemli konulardan biri de personelin sorunlarıdır. Personel dış kaynaklardan yararlanma uygulamalarından doğrudan etkilenebilmektedir.

Dış kaynaklardan yararlanma uygulamalarının personel üzerinde oluşturduğu stres, gelecek kaygısı gibi konular personel üzerinde verimin düşmesine neden olmaktadır. Personelin moralinin bozulmasına bağlı olarak da personelin işletemeye bağlılığının azalmasına, yabancılaşma sonucu kayıtsız kalmasına neden olmaktadır. Bu tür sıkıntıların olmaması için dış kaynaklardan yararlanma uygulamalarının özenle izlenmesi zorunluluğu ortaya çıkmaktadır (Koçel, 1998: 312). Dış kaynaklardan yararlanma stratejisi belirlenirken personelin ihtiyacına karşılık verebilecek bir sistem geliştirilmelidir. Dış kaynaklardan yararlanma uygulamaları aynı işletmenin çatısı altında bulunan bir kısım çalışanlar için yeni bir anlayış iken diğer çalışanlar için de rahatsızlık ve iletişimsizliğe nedeni olarak görülmektedir.

2.2.7. Tedarikçi İşletme Üzerinde Kontrolün Kaybedilmesi

Dış kaynaklardan yararlanan işletmelerin verimlilik düzeyleri dışarıdan alınan hizmetlere bağlıdır. Dolayısıyla işletmenin dışarıdan sağlanan servisler üzerindeki kontrolünün önemi artmaktadır. Bu nedenle dış kaynaklardan yararlanan işletme tedarikçi işletmenin faaliyetlerini düzenli bir şekilde izlemeli ve sürekli iletişim kurmalıdır. Ancak; iletişim, yönetim veya sözleşmedeki bazı yanlışlıklar nedeniyle tedarikçi işletme üzerinde kontrolün kaybedilmesine ve verimliliğin azalmasına neden olacaktır (Özbay, 2004: 40).

2.2.8. Kısa Vadeli Ekonomik Amaçlara Odaklanma

İşletmenin uzun vadeli amaçlar yerine kısa vadeli ekonomik amaçlara odaklanmaları dış kaynaklardan yararlanarak elde edecekleri kazançların farkına varmalarını geciktirmektedir. İşletmenin kısa vadeli ekonomik amaçlara yönelmesi bir çok sektörde pazar paylarının azalmasına sebep olur. İşletmelerin kısa vadeli ekonomik amaçlara odaklanması; yöneticilerin uzun vadeli düşünmemesi, dış kaynaklardan yararlanma uygulamalarından umulan faydayı sağlayamamalarına sebep olur. Dış kaynaklardan yararlanma ile ilgili hedeflerin uzun vadeli planlanması gerekir. Dış kaynaklardan kısa vadede sorunların çözümünde yararlanılması başka sorunların ortaya çıkmasına neden olur. İşletmeler dış kaynaklardan yararlanmaya karar verdiğinde uzun vadeli düşünmeleri gerekir. Çünkü dış kaynaklardan yararlanma uygulamaları 2-3 yıllık gibi kısa dönemler için düşünülüyorsa bu süreler içinde oluşacak geliştirme ve yürütme maliyetlerinden dolayı iyi bir yatırım yapılmamış olabilir. İşletmenin dikkatini gelecekle ilgili öngörülerde bulunmaya odaklaması gerekir. İşletme uzun vadeli ve maliyeti yüksek bir proje için taşeron firma ile çalışacaksa işletmenin bu firma ile gelecekte yakın bir işbirliği içinde sürekli olarak birlikte çalışmak için anlaşma yapması gerekir (Yazıcı, 2003: 46).

2.2.9. Dış Kaynağa Bağımlı Kalınması

Uzun vadeli sorunların başında tedarikçi işletmelere olan aşırı bağımlılık gelmektedir. Uzun süreli ve ortaklık anlamında çok sıkı bir ilişki sonunda işletmeyi tedarikçi işletmeye bağımlı hale getirebilir. Bunun sonucunda işletme esnekliğini ve ilişkilerdeki kontrolünü kaybedebilir. Böylece tedarikçi işletmenin fiyat ve diğer konulardaki koşullarına uymak zorunda kalabilir. Ayrıca dış kaynaklardan sağlanan fonksiyon işletme için sır niteliği taşıyorsa bu da önemli bir risk olacaktır. Bu sebeple işletme için sır niteliği taşıyan bölümlerin dış kaynaklardan yararlanılarak yerine getirilmemesi daha faydalıdır (Özbay, 2004: 42).

2.2.10. İşletmenin İçinin Boşaltılması

Dış kaynak kullanımı, bir anlamda işletmelerin içlerini boşaltmaları (hollowin out) anlamına gelir. Ne kadar çok sayıda iş dış kaynak kullanılarak başka işletmelere yaptırılırsa, işletme o kadar içi boş hale gelebilir. Eğer belli bir alandaki işletmeler, outsourcing sonucu belli işleri ve ürünleri yurt dışındaki belli firmalardan alıyorsa ve de bu eğilim gittikçe artıyorsa o endüstri dalının içi boşalmaya başlayacaktır (Koçel, 2001: 317).

Dış kaynak kullanımı sonucunda işletmeler yeteneklerini kaybederler ve içleri boşalır. Çünkü işletme içerisindeki faaliyetler ne kadar çok dış kaynaklardan yararlanılarak yerine getirilirse işletmenin içi o kadar boşalmış olur. Bu sebeplerden dolayı işletmenin ürün ve faaliyetlerini ve işletmenin temel yeteneklerinin kesin olarak belirlenmesi ve bu faaliyetler dışında kalan bölümlerde dış kaynaklardan yararlanması gerekmektedir.

2.2.11. Dış Kaynakla Yapılan Anlaşmanın Kendi Kendini Kontrol Edeceğini Düşünme

Dış kaynak kullanımı sürecinde karşı tarafla yapılan anlaşmanın ileride karşılaşılabilecek muhtemel sorunları kapsayacağını ve aksaklıkların bu anlaşma ile kontrol altına alınabileceğini düşünmek çok yanlıştır. Yapılan anlaşma ile yönetimin sorumluluklarının bittiğini düşünmemek gerekir. Sorumluluğu ve kontrolü anlaşmaya bırakmak işletmeyi önemli sorunlarla baş başa bırakacaktır (Özbay, 2004: 42).

2.3. TEK TEDARİKÇİ İŞLETME KULLANMANIN YARARLARI VE SAKINCALARI

Tek tedarikçi işletme kullanmanın yararlarını ve sakıncalarını Tanju ÖZBAY "Sorularla Dış Kaynak Kullanımı (Outsourcing)" adlı kitabında şu maddelerle açıklamaktadır (Özbay, 2004: 43):

- *Zamanla ve paradan tasarruf etmek dış kaynak kullanım uygulamalarının önemli iki faktörüdür. Tek tedarikçi işletme kullanarak dış kaynak kullanımı uygulamalarının esasını, işletmenin tek tedarikçi ile çalışması ve ilişkiye girmesi oluşturur. Bu ilişki işletmenin zamanını ve parasını boşa harcama riskinden kurtulmasına imkan sağlar. Aynı zamanda işletmenin tüm konsantrasyonunu en iyi yaptığı iş üzerinde yoğunlaştırmasına, dış kaynak kullanım sürecinde tüm dikkatini tek tedarikçi işletme üzerinde toplamasına ve taraflar arasında etkin bir ilişki ağının oluşmasında yardımcı olmaktadır.*

- *Bununla beraber dış kaynak kullanmayı düşünen bir işletme için zamanın boşa harcanmaması gerekir. Tek tedarikçi işletme ile ilişki kurulması işletmenin ihtiyacı olan fonksiyonu kısa sürede elde etmesine olanak sağlar ve aynı zamanda fonksiyonların tedariki sırasında gereken masrafların düşürülmesine yardımcı olur. Ancak işletme ile tedarikçi işletme arasındaki görüşmelerin spesifik bir zamanla sınırlanması gerekir. Çünkü teklif formu ve sözleşme sürecinin uzaması ve görüşmelerin başarısızlık ile sonuçlanması işletmenin pazarda aradığı niteliklere uyan ikinci bir tedarikçi işletme bulması için bu süreçlerin tekrarlanması zaman kaybına neden olacaktır.*

- *Tek tedarikçi işletme ile ilişki kurulması işletmenin tedarikçi işletmeye daha çok güvenmesine ve bir dayanışma içerisine girmesine neden olmaktadır. Bu ilişki rekabete dayalı bir ilişkiden çok stratejik beraberliğe dayalı dış kaynak kullanımı yaratmaktadır. Ancak uzun dönemli ilişkilerde tedarikçi işletme, işletmenin stratejik bilgi, beceri ve yeteneklerini öğrenmek ve pazarda etkinlik sağlama isteğinde olabilir. Bu gibi tehlikeler taraflar arasında yapılan sözleşmede ayrıntıların ve sınırlamaların belirtilmesiyle ortadan kaldırılabilir.*

2.4. DIŞ KAYNAK UYGULAMALARININ BAŞARILI OLABİLMESİ İÇİN GEREKEN KOŞULLAR

İşletmelerin başarılı olabilmeleri aldıkları kararların uygulanması ile bağlantılıdır. Özellikle stratejik kararlarda başarı sağlamak çok önemlidir. Kısa vadeli bir takım kararların yanlış alınması ve bu kararlardan vazgeçmek işletmeyi zarara sokabilir. Dış kaynak kullanımı gibi stratejik kararlar işletmeler için büyük önem taşımaktadır. Eğer işletmelerin stratejik kararları doğru olmazsa bu işletmelerin varlığı tehlikeye girebilir. İşletmelerin dış kaynak kullanımı uygulamalarında başarılı olabilmeleri için aşağıda belirtilen hususlara dikkat etmeleri gerekmektedir.

- İşletme dış kaynak kullanımına gideceği işleri ana faaliyet konusu dışında kalan işlerden seçmelidir.
- İşletmenin beklentilerini taşerona iyi bir şekilde anlatılması gerekir. Eğer beklentiler iyi aktarılmazsa alınacak sonuç beklentileri karşılayamaz.
- Eğer üst yönetim bu işe gönülden inanmıyorsa bu işin başarılı olma olasılığı azalacaktır. Bu yüzden dış kaynaklardan yararlanma da üst yönetimin de desteğinin alınması gerekmektedir.
- İşin yerine getirilmesi esnasında karşılaşılabilecek sorunlarda başvurulacak kaynak sözleşmeler olacaktır. Bu yüzden sözleşmeler iyi bir şekilde hazırlanmalıdır.
- İşi yapacak taşeron ne kadar iyi ise işletmenin bu işten sağlayacağı fayda da o kadar fazla olacaktır. Bu yüzden dürüst ve güvenilir taşeronlar seçilmelidir.
- Tecrübeler göstermektedir ki uygulamada finansal doyuma ulaşmış firmalar işi gerektiği gibi yapmamaktadırlar. Bu yüzden finansal doyuma ulaşmış firmalara iş verilmemelidir.
- İşletme dış kaynak uygulamasını yerine getirirken çalışanlar bu değişime karşı direnç göstereceklerdir. Bu durum da uygulamanın başarı şansını azaltacaktır. Bu yüzden değişime karşı direncin az olduğu işler seçilmelidir.

- Dış kaynak kullanımına ilk kez başvuruluyorsa; risk oluşturabilecek alanlar değil dış kaynak uygulaması daha kolay olan işler seçilmelidir.

- İşletmenin ana işi ile sıkı ilişki içinde olan işler ana işin bir bölümü olduğu için bu işlerin dış kaynak kullanarak yerine getirilmesi başarısızlığa sebep olabilir. Bu yüzden ana iş ile daha az ilişkili olan işlerin seçilmesi başarı şansını arttırır.

- Uygulamadan başarı elde edilmesi isteniyorsa uzun vadeli iş ortaklığına gidilmesi daha doğrudur. Çünkü işletmelerin birbirlerine adapte olmaları zaman almaktadır.

- İş ortakları arasında takım bilinci yaratılmalıdır. Aynı amaca hizmet eden kişilerin oluşturduğu beraberliklerden başarılı olma şansı daha yüksektir.

- Yapılacak olan işlerin dayanak noktasının planlama olması sebebiyle planlama işinin çok özenli yapılması gerekmektedir.

- Başarılı dış kaynak uygulaması için özen göstermesi gereken hususlardan biri de işletmenin iş ortağına da kazanma şansı vermesidir. Eğer işletme iş ortağına da kazanma şansı vermiyorsa başarısız olur.

ÜÇÜNCÜ BÖLÜM

TAŞERON FİRMA KAVRAMI VE DIŞ KAYNAKLARDAN YARARLANMA SÜRECİ

Bu bölümde Taşeron Firma (vendor) kavramından, taşeron firmanın özelliklerinden, dış kaynaklardan yararlanmada taşeron firmanın rolünden, dış kaynaklardan yararlanma sürecinin işleyişinden, dış kaynaklardan yararlanma modellerinden ve stratejik dış kaynaklardan yararlanmadan bahsedilecektir.

3.1. TAŞERON FİRMA (VENDOR) KAVRAMI
3.1.1. Taşeron Firma

İşletmeler günümüzde teknolojinin gelişmesinin bir sonucu olarak kaliteli ve hızlı üretim yapabilmek için ilgilerini belirli alanlara yoğunlaştırmakta ve bu alanlarda uzmanlaşmaktadırlar. İşletmelerin büyüyerek üretim çeşitlerinin artması sonucu işverenler iş bölümü ve uzmanlaşmanın zorunlu kılınması nedenleriyle uzmanlık alanı dışında kalan işlerin yapımını başka işverenlere yaptırma yoluna gitmektedirler. Bu işleri alan "alt işveren" konumundaki kimseler aldıkları işleri asıl işverenle aralarında bulunan sözleşmeye uygun olarak yapar ve teslim ederler (Canbolat, 1992: 12). Taşeron firmalar işletmelerin faaliyetlerinin bir kısmını yüklenerek işletmelerin o alana aktarmış olduğu kaynakların daha planlı olmasını sağlamakla birlikte işletmelerin enerjisini temel yeteneklerine yönlendirmesine yardımcı olurlar. Taşeron firmaların en iyi yaptıkları iş konusunda işletmeye sağladıkları hizmetler sayesinde işletmeye gerekli katkıyı sağlamış olurlar.

3.1.2. Taşeron Firmanın Özellikleri

Taşeron firmalar belli alanlarda uzmanlaşmış ve konularında gelişmiş teknoloji kullanan işletmelerdir. M. Fatih ARSOY'un LACITY ve diğerlerinden aktardığına göre; 1980'li yıllardan itibaren dünyayı etkisi altına alan küreselleşme rüzgarı bütün sektörlerdeki taşeron şirketleri değiştirmeye zorlamıştır. Gittikçe kızışan rekabet koşullarından dolayı bu işletmelerde değişime ayak uydurmak ve tekrar yapılanma faaliyetlerine ağırlık vermişlerdir. Dolayısıyla taşeron firmaların yaptıkları işte uzun vadeli bilgi , beceri ve yeteneğe sahip olmaları, personelin bu konuda uzman olması, teknolojik yenilikleri takip etmesi ve işletmelerin yeni bir yatırım yaparak katlanacağı maliyetten daha düşük bir maliyette işi gerçekleştirmeleri gibi faktörler işletmelerin taşeron firma kullanımını arttırmaktadır. Dış kaynaklardan yararlanma uygulamaları işletmelere kendisine uygun olan taşeron firmadan istediğini seçmesine olanak sağlar. Bunun için işletmeler çalıştıracakları taşeron firmaları seçerken bazı kriterlere dikkat etmelidirler. Bu kriterler: Taşeron firmanın yeteneği, istikrarı, yönetim organizasyonu, kullandığı teknoloji, kaynakları, hizmet kapasitesi, esnekliği, uygulayacağı plan, fiyatı, eğitimi, kültürel uyumu ve referanslarıdır. Bu kriterlerin öncelik sırası her işletmede değişiklik göstermektedir (Arsoy, 2001: 48).

Hizmet sağlayan taşeron firmaların elinde işletmenin dış kaynaklardan yararlanmak istediği konuda çeşitli araç ve yöntemleri bulundurması o işi daha etkin yapabilmelerini sağlamaktadır. Dış kaynaklardan yararlanma hizmeti veren taşeron firmalar gelişmiş teknikler kullanarak ve uzmanlar aracılığıyla faaliyetlerini işletmelerden daha hızlı gerçekleştirebilirler. Bu da işletmelerin dış kaynaklardan yararlanmasında önemli bir faktördür.

3.1.3. Dış Kaynaklardan Yararlanmada Taşeron Firmaların Rolü

Dış kaynak ve iç kaynak kullanımına ilişkin akademik literatür; temelde müşteri bakış açısı ile müşteri yönetimine ilişkin bulgu ve formülleri göz önünde tutmakta, taşeron (yüklenici) firma bakış açıları hakkında ise daha az konu bilinmektedir. Bu araştırma ise, Birleşik Krallıktaki müşteri odaklı firmalarca taahhüt edilmiş hizmetlerin sunulduğu taşeron firmalar üzerinde yoğunlaşmaktadır. Görüşme yapılan kişilerin açıklamalarından dört olası strateji belirlenmekte ve bunlar; Baker ve Faulkner'in iki taraflı, müşteri egemen, taşeron egemen ve taşeron tercihli şeklindeki dört maddeyi içeren modeli kullanılarak açıklanmaktadır (Pınnıngton ve Woolcock, 1997: 199).

3.1.3.1. Bir Örgütün IS/IT İşlevine Yönelik Alternatif Taşeronun Artan Önemi

Söz konusu araştırma, Loh ve Venkatraman'ın dış kaynak kullanımına ilişkin görüşüne dayanmaktadır. Bu görüş; dış tedarikçiler tarafından sağlanacak katkının, tüketici örgütündeki IT altyapısının tüm ya da belirli bileşenleriyle ilişkili olduğunu öne sürmektedir. Lacity ve diğerlerinin çalışmalarına göre iç kaynak kullanımı da, toplam ya da seçmeli dış kaynak kullanımının yanı sıra göz önünde tutulmalıdır. Nitekim bir örgütün IS/IT (bilgi sistemi ve teknolojileri) işlevi güçlü olduğunda; tedarikçilerle dış ilişkilerin çok sıkı bir şekilde idaresine gerek kalmamaktadır. Bununla birlikte Andersen ve Krcmar, iç ve dış IS profesyonellerinden oluşan üst yönetim tarafından getirilen önerilerle kabul edilen bir yeniliği keşfetmiştir. IS/IT işlevinin değişen doğasını ve bir şirketin kendi IS/IT işlevinin gelecekteki rolünü anlamadaki en büyük engel, dış kaynak kullanımının stratejik ortaklık ve ilişkisel strateji ile giderek artan bağıdır. Henderson, durum ortaklığı başlığı altında karşılıklı yararlar, taahhüt, yatkınlık ile hareket ortaklığı başlığı altında ortak faaliyet, ayırıcı yetenek ve kaynaklar, örgütsel bağ şeklinde altı faktör belirlemiştir. Bununla birlikte, Willcocks ve Choi, Henderson'ın stratejik ortaklık modelindeki eksik noktaya dikkat çekmiştir. Buna göre; satıcılar ayırıcı yetenek ve kaynaklara sahip olsalar dahi, müşteri egemen eylemsel strateji için uygun koşullarda müşteriler, dış kaynak kullanım ilişkisinin baskın kişileri olabilmektedir. Baker ve Faulkner, hizmet tedarikçilerinin yönetimine ilişkin araştırmalarında; görüşmelerin analizine ilişkin bir çatı olarak doğrudan uygulanamasa da IS/IT işlevine uyarlanabilen dört strateji belirlemektedirler. Bu stratejiler; ilişkisel, kısmi, sürekli ve eylemsel stratejiler şeklindedir. Baker ve Faulkner, eylemsel ve kısmi olanları hizmet tedarikçilerinin yönetimindeki en yaygın stratejiler olarak tanımlamışlardır (Pınnıngton ve Woolcock, 1997: 199-201).

3.1.4. Dış Kaynaklardan Yararlanma (Outsourcing) Süreci

M. Fatih ARSOY'un "Outsourcing Cycle" başlıklı internet kaynağından aktardığına göre; Dış kaynaklardan yararlanma süreci toplam dokuz evreden oluşur. Bu süreç işletmenin dış kaynaklardan yararlanmaya ihtiyaç duyması ile başlar ve işletmenin alternatif firmalar arasında seçtiği taşeron firma ile sözleşme yapmasıyla son bulur. Sürecin başarılı bir şekilde devam etmesi taşeron firma arasında kurulacak etkin bir iletişime bağlıdır (Arsoy, 2001: 63).

Tablo 1.3. Dış Kaynaklardan Yararlanma Süreci

EVRELER	DIŞ KAYNAKLARDAN YARARLANMA SÜRECİ
1.EVRE	Dış kaynaklardan yararlanmaya ihtiyaç duyulması.
2.EVRE	İşletmenin değerlendirilmesi.
3.EVRE	Dış kaynaklardan yararlanma kararının alınması.
4.EVRE	Dış kaynaklardan stratejisinin belirlenmesi.
5.EVRE	Teklif formunun yazılması.
6.EVRE	Alternatif taşeron firmaların dikkate alınması ve değerlendirilmesi.
7.EVRE	Alternatif taşeron firmalar arasından seçim yapma.
8.EVRE	Taşeron firma ile sözleşmenin görüşülmesi ve imzalanması.
9.EVRE	Taşeron firma ile etkin bir ilişki ağının kurulması.

Kaynak : (Arsoy, 2001: 63).

3.1.4.1. Dış Kaynaklardan Yararlanmaya İhtiyaç Duyulması

Dış kaynak kullanımı uygulamaları, işletmelerin dış kaynaklardan yararlanmaya ihtiyaç duymasıyla başlar. İşletmeler dış kaynaklardan temel yetenekleri geliştirmek, küçülmek, maliyetlerini azaltmak, esnekliklerini arttırmak, süreç yenileme kazançlarını hızlandırmak, kaynak transferini gerçekleştirmek, yatırım harcamalarını azaltmak, kaliteyi arttırmak, finansal kaynakları etkili şekilde kullanmak gibi nedenlerden dolayı yararlanırlar.

3.1.4.2. İşletmenin Değerlendirilmesi

Dış kaynaklardan yararlanma gereksiniminin belirlenmesinden sonra işletmenin kendi işlerini inceleyip hangi işlerini dış kaynak kullanarak yürüteceğine karar vermesi gerekir. Bu kararın o işlerden sorumlu yönetici ile işletme üst yöneticisinin ortak kararları ile verilmesi gerekir. Üst yönetim dış kaynak kullanımının işletmeye yarar sağlayacağına inanıyorsa bu süreç üst yönetimin de desteğiyle daha kısa sürede ve başarılı bir şekilde olacaktır. İşletmenin temel yeteneği için önemi olmayan fonksiyonlar için işletme dış kaynaklardan yararlanabilir.

3.1.4.3. Dış Kaynaklardan Yararlanma Kararının Alınması

Dış kaynaklardan yararlanma uygulamaları tüm işletmeyi uzunca bir süre etkileyecek önemli bir süreçtir. Bu yüzden üst yönetimin bu konu üzerinde ayrıntılıca düşünerek kararını vermesi gerekir.

Dış kaynaklardan yararlanma kararını verecek olan üst yöneticiler;
- İşletmenin dış kaynaklardan yararlanmaya ihtiyacı olup olmadığını
- İşletmenin hangi faaliyetler için dış kaynaklardan yararlanacağı
- Örgüt kültürünün dış kaynaklardan yararlanma uygulamalarının destekleyip desteklemeyeceği üzerinde yeterince düşünmeli ve buna göre kararını vermelidirler.

3.1.4.4. Dış Kaynaklardan Yararlanma Stratejisinin Belirlenmesi

İşletme yöneticileri dış kaynaklardan yararlanma kararı aldıktan sonra uygulayacağı dış kaynaklardan yararlanma stratejisini belirlemelidir. Dış kaynak kullanımı stratejisi işletmenin başarısında büyük önem taşımaktadır. İşletmenin başarılı olabilmesi için iyi bir strateji belirlemesi gerekmektedir. Bu stratejiyi belirlerken:
- Temel yeteneklerin ve temel yetenekleri dışındaki fonksiyonlarının belirlenmesine,
- Genel amaçların ve hedeflerin dış kaynaklardan yararlanma stratejisiyle uyum içinde olmasına,
- Birlikte çalışılacak işletmeye başarılı olabilmek için nasıl bir ortam gerektiğine,

- Taşeron firmalardan uzun dönemli mi yoksa kısa dönemli mi yararlanılacağına,
- Taşeron firmaların arzu edilen kalite düzeyini ve maliyetleri tutturabilecekleri konusunda güvenilir olup olmadıklarına,
- Merkezi bir yapının mı yoksa merkez kaç bir yapının mı seçilmesi gerektiğine,
- Tüm işletmecilik faaliyetlerinin dışarıya yaptırılarak yalnızca kontrolü ve koordinasyonu sağlayan bir merkez olmayı isteyip istemediğine, özen göstermesi gerekir.

3.1.4.5. Teklif Formunun Yazılması

Teklif formu taşeron firmanın seçiminde önemli bir süreçtir. İşletmelerin teklif formu kullanması taşeron firmaların gerçekçi ve uygun koşullar ve fiyat sunmasına, teknoloji bilgisinin yeterli olduğu hakkında işletmeye bilgi vermesine, işi yaptığı süre boyunca dürüst kalmasına ve işletmenin tek bir taşeron firmaya bağlı kalmasının önlenmesine yardımcı olur.

Tablo 1.4. Teklif Formunun Bölümleri

BÖLÜMLER	AÇIKLAMALAR
1.Genel Açıklama	Bu bölüm işletmenin dış kaynaklardan yararlanma uygulamaları ile ilgili hedeflerini tanımlar ve teklif formunun yazılması nedenlerini liste halinde belirtir.
2.İşletmenin Özgeçmişi	Bu bölüm, işletmenin yaptığı işi, misyonunu, örgütsel yapısını ve kuruluş yerini tanımlar.
3.Genel Koşullar	Bu bölüm genellikle teklif formunun en büyük bölümünü oluşturur. Taşeron firmanın tekliflerini sunarken uyması gereken koşullar; uygulamanın gerçekleştirilebilmesi için taşeron firmanın sahip olması gereken lojistik koşullar ve standartlara uygunluğunu belirten dokümanlar taşeron firmadan gelecek tekliflerin değerlendirilmesi esnasında izlenecek kurala ve yapılacak sözleşme şartlarının içeriği bu bölüm içinde yer alır.
4.Beklenen Servis Düzeyi	Bu bölümde, işletmenin dış kaynaklardan yararlanarak sağlayacağı faaliyetleri gerçekleştirmesinde taşeron firmalardan beklenen kalite seviyesi tanımlanır.
5.Seçim	Bu bölümde taşeron firmanın seçiminde kullanılacak kriterler belirlenir. Taşeron firmanın istikrarı, yeteneği, yönetim organizasyonu, esnekliği, eğitimi, hizmet kapasitesi, kültürel uyumu, uygulayacağı plan fiyatı ve referanslar kullanılacak kriterler arasındadır. Bu kriterlerin öncelik sırası işletmeden işletmeye değişiklik göstermektedir.

Kaynak : (M. Fatih ARSOY, Fritz H. GRUPE'den aktarmıştır).

3.1.4.6. Alternatif Taşeron Firmaların Dikkate Alınması ve Değerlendirilmesi

M. Fatih ARSOY'un Joe AUER'den aktardığına göre; Alternatif taşeron firmaların değerlendirilmesi sürecinde işletmenin başarılı olabilmesi için izlemesi gereken iki yol bulunmaktadır. Bu iki yol dış kaynaklardan yararlanma komitesi ve dış kaynaklardan yararlanma yöneticisidir. İşletme bu iki seçenekten birine başvurduktan sonra sıra taşeron firmalardan gelen tekliflerin değerlendirilmesi aşamasına gelir. Gelen bu teklifler arasından işletme için en uygun olanlar seçilir, yeniden değerlendirmeye tabi tutulan taşeron firmalar kontrol edilir ve çalışmaları gözlemlenir (Arsoy, 2001: 67).

3.1.4.6.1. Dış Kaynaklardan Yararlanma Yöneticisine Başvurma

M. Fatih ARSOY'un, Michael F. CORBETT ve diğerlerinden aktardığına göre; İşletmeler dış kaynaklardan yararlanma uygulamaları sırasında görev ve sorumlulukları tek bir kişi üzerinde toplayabilir. Bu kişi yönetici olmalıdır. Bu yöneticinin faaliyetleri etkin ve verimli bir şekilde yerine getirebilmesi için bir takım özelliklere sahip olması gerekir. Dış kaynaklardan yararlanma yöneticisinin sahip olması gereken bu önemli özellikler şunlardır (Arsoy, 2001: 68) :

- Stratejik düşünebilme ve planlama yeteneğine sahip olmalıdır.
- Proje ve takım yönetimi konusunda yeteneğe sahip olmalıdır.
- Düşüncelerini sorunlara odaklayabilme yeteneğine sahip olmalıdır.
- Taşeron firma ile ilişkiler esnasında ortaya çıkan sorunları ele alıp çözüme kavuşturabilmelidir.
- İlişkileri yönlendirebilmelidir.
- Koordinasyon, bilgi ve yeteneğe sahip olmalıdır.
- Değişeme karşı duyarlı olmalıdır.
- Teknik bilgi ve yetenek sahibi olmalıdır.
- Haberleşme konusunda yetenek sahibi olmalıdır.

Bir yöneticinin en önemli görevi örgütün ve görevli kişilerin amaç ve hedeflerini gerçekleştirebilmesine yardımcı olacak bir ortam hazırlamaktır. Bunu yerine getirilebilmesi için bir yöneticinin ne gibi özelliklere sahip olması gerektiği hususunda bir yargıya varabilmek oldukça güçtür. Dış kaynaklardan yararlanma yöneticisi üst yönetim tarafından belirlenen dış kaynaklardan yararlanma stratejisi doğrultusunda faaliyetlerin planlanmasından ve gerçekleştirilmesinden sorumlu olacaktır. Ayrıca dış kaynaklardan yararlanma yöneticisi, yapılan değerlendirmeler sonucunda seçilen taşeron firma ile görüşmeler sırasında işletmeyi temsil etmiş olacaktır. İşletmeler dış kaynaklardan yararlanma yöneticisini işletme içindeki kişilerden sağlayabileceği gibi işletme dışından da tedarik edebilirler. Dış kaynaklardan yararlanma yöneticisi, işletme içindeki kişilerden tedarik edilecekse işletmede görev alan yöneticiler arasında dış kaynaklardan yararlanılarak gerçekleştirilmek istenen faaliyetin planlanması ve gerçekleştirilmesini en etkin şekilde yapacak kişi seçilir. Yani işe en uygun kişi seçilir. Aynı zamanda işletme, dış kaynaklardan yararlanma yöneticisini, dış kaynaklardan yararlanılarak taşeron yöneticiler sayesinde sağlayabilir. Taşeron yönetici uygulaması günümüzde giderek yaygınlaşmaktadır. Daha fazla hareket özgürlüğü ve daha iyi gelir sağladığına emekliliği gelmiş yöneticiler gibi artık iş yerlerinde kariyer imkanını sınırlı gören gençlerde taşeron yöneticiliğine soyunmaktadır. Sektördeki daralma ve şirket evlilikleri yüzünden pek çok profesyonel kişi işsiz kalmakta ya da erken emekli olmak zorunda kalmaktadır. Emeklilik için kendilerini genç bulan profesyonel yöneticiler taşeron yöneticiliğine öncü olmaktadırlar. Taşeron yöneticiler işletmelerle geçici sözleşmeler yaparak belirli bir süre için onların projelerini üstlenmektedirler. Dış kaynaklardan yararlanma uygulamalarında işletmelerin başarısı (Arsoy 2001:69):

- Üst yönetimin dış kaynaklardan yararlanma yöneticisine destek vermesine

- Taşeron firmanın performansının değerlendirilmesi için etkin bir sistemin kurulmasına
- Sorumluluk duygusuna sahip, dış kaynaklardan yararlanma yönetici ile uyumlu çalışacak personel grubunun kurulmasına bağlıdır.

3.1.4.6.2. Dış Kaynaklardan Yararlanma Komitesine Başvurma

Oluşturulacak dış kaynaklardan yararlanma komitesi işletmenin ihtiyaçlarına hangi firmanın eksiksiz cevap verebileceğini belirleyecektir. Dış kaynaklardan yararlanma komitesi dış kaynaklardan yararlanma konusunda uzman danışmanlardan (business experts), hukuk danışmanlarından (legal experts) ve teknik uzmanlardan (technical experts) oluşmaktadır. Komiteyi oluşturan bu danışmanların sorumlulukları ve rolleri belirlenmelidir. Dış kaynaklardan yararlanma konusunda uzman olan danışmanlar alternatif taşeron firmaları arasından işletme için en uygun olanının seçimi sürecinde; teknik uzmanlar, teknolojik hedeflerin gerçekleştirilebilmesi için işletmenin birlikte çalışacağı taşeron firmada bulunması gereken araç ve gereçlerin denetlenmesi sürecinde; hukuk danışmanları da işletme ile seçilen taşeron firma arasındaki hukuki konularda anlaşma sağlanması sürecinde rol alırlar (Ankaralı, 2002: 1).

3.1.4.6.3. Tekliflerin Değerlendirilmesi

Taşeron firmaların verdiği tekliflerin eksiksiz olarak tamamlanmasının ardından tekliflerin yoğunluğuna göre sürecin hızı belirlenir. Alınan tekliflerin sayısının fazla olması durumunda tekliflerin değerlendirilmesine hemen başlanır. Değerlendirmede işletme beklentilerinin anlaşılıp anlaşılmadığına ve taşeron firmanın bu beklentileri karşılayıp karşılayamayacağına bakılarak karar verilir.

Öncelikle beklentileri karşılayamayacağı düşünülen firmalar ilk aşamada elenerek değerlendirme sürecine geçilir. Değerlendirme süreci iki aşamayı içerir.

3.1.4.6.3.1. Tekliflerin Yeniden Gözden Geçirilmesi

İşletmenin taşeron firmaların tekliflerini değerlendirirken şu sorulara açıklık getirmesi gerekir (Ankaralı, 2002: 1).

- Taşeron firmanın sunduğu çözüm önerileri teklif formunda tanımlanan sorunlara cevap verebiliyor mu?
- Taşeron firma işletmenin ihtiyaçlarını karşılayacak yeterli tecrübeye ve kaynaklara sahip mi?
- Taşeron firmanın personeli işletmenin ihtiyacı olan desteği sağlayabilecek bilgi, beceri ve yeteneğe sahip mi?
- Taşeron firma dış kaynaklardan yararlanma servisi verebilecek geçerli bir geçiş planına sahip mi?
- Sözleşmeye dayalı sorunlar ortaya çıktığında taşeron firma sakin bir şekilde soruna yaklaşabiliyor mu ve her iki tarafında kazancını düşünebiliyor mu?
- Taşeron firma yapılan sözleşmelere sadık kalıyor mu?
- Taşeron firma sağladığı hizmetlere uygun fiyat politikasına sahip mi?
- Taşeron firma yeterli referanslara sahip mi?

3.1.4.6.3.2. Taşeron Firmaların Yerinde Ziyaret Edilmeli ve Referanslarının Kontrol Edilmesi

Taşeron firmaların teklifleri değerlendirilirken çalıştığı endüstri dalındaki itibarı hakkında bilgi toplamak için şebekeler kullanılır. Taşeron firmaların referansları işletmeye seçim konusunda yardımcı olsa da taşeron firmaların ziyaret edilerek çalışmalarını yerinde görmek daha etkili yoldur.

3.1.4.7. Alternatif Taşeron Firmalar Arasından Seçim Yapma

Taşeron firmaların dikkate alınması ve değerlendirilmesinden sonra işletmenin ihtiyaçlarına eksiksiz cevap verebilecek en uygun taşeron firmanın seçilmesine çalışılır. İşletmenin birlikte çalışacağı taşeron firmanın yani iş yaptırdığımız firmanın en çok değer verdiği ve en iyi müşterisi biz olmalıyız. Bu da iyi para ödemek, dürüst davranışlar, hükümlülüklerin hiç aksatılmadan yerine getirilmesi ve karşı tarafın güvenini kazanma ile sağlanabilir (Çetin, 1996: 54).

3.1.4.8. Taşeron Firma İle Sözleşmenin Görüşülmesi ve İmzalanması
3.1.4.8.1. Sözleşmenin Özellikleri

M. Fatih ARSOY'un H. Fritz GRUPE'den aktardığına göre; Dış kaynaklardan yararlanma sözleşmelerinin her biri özel olmakla birlikte ortak bazı özellikleri içerirler (Arsoy, 2001: 74).

- Uzun sürelidirler: 5 ile 10 yıllık ve uzatma seçeneğine sahiptir.
- Sorumluluklar belirlenmiştir: İşletmenin ve taşeron firmanın nelerden sorumlu olduğu ayrıntılarıyla yazılır.
- Ödeme planları belirlenir: Yıllık, genellikle aylık ödemelidir.
- İş yükü belirlenir: İlk kapasite, büyüme varsayımları, değişiklikler saptanır.
- İlişkilerin nasıl yürütüleceği belirlenir.

3.1.4.8.2. Sözleşmenin İçerdiği Konular

M. Fatih ARSOY'un GRUPE'den aktardığına göre; Dış kaynaklardan yararlanma ilişkisi içindeki işletmeler arasında yapılan sözleşmeler taraflar arasındaki ilişkinin devam etmesi açısından önem taşımaktadır. Sözleşme imzalanmadan önce tarafların tereddüt ettikleri tüm konuları konuşmaları ve sözleşmede bu konulara açıklık getirmeleri gerekmektedir (Arsoy, 2001: 75).

- Taşeron firmanın işletmeye sağlayacağı faaliyetlerin açıkça tanımlanması ve tamamlanma sürelerinin belirlenmesi.
- Taşeron firmanın denetlenmesi sırasında kullanılacak raporlama sisteminin tespit edilmesi.
- Taşeron firmanın performansının değerlendirilmesinde kullanılacak standartların belirlenmesi.
- Taşeron firmanın işletmeye sağlayacağı faaliyetleri gerçekleştirmesi için gerekli olan personel sayısının ve niteliğinin belirlenmesi.
- Taşeron firma ile gerekli iletişimin kurulabilmesi için taşeron firmanın bulundurması gereken elektronik cihazların ve ekipmanların belirlenmesi.
- Taşeron firma ile yapılan sözleşmelerin bitiş tarihinin belirlenmesi.
- Taşeron firmaya, işletmeye sağlayacağı faaliyetlerden dolayı, ödenecek bedelin belirlenmesi ve taşeron firmanın başarılı ya da başarısız olması durumunda uygulanacak teşviklerin ve cezaların belirlenmesi gerekir.

3.1.4.8.3. Sözleşme Yapılırken Dikkat Edilmesi Gereken Hususlar

ARSOY'un LCITY ve diğerlerinden aktardığına göre; Sözleşmenin risklerimizi azaltacak etkinliğimizi ve kontrolümüzü arttıracak şekilde yapılması gerekmektedir. Belirsizliği yok etmenin, değişime ayak uydurmanın ve kontrolü sağlamanın bir yolu, işletme ile taşeron firmanın birbirlerinin eksikliklerini tamamlayacak ya da hedefleri paylaşacak şekilde önemli bir ortaklık oluşturmalıdır. Eğer taşeron firma yeni bir uygulama geliştirmek için kiralanıyorsa örneğin işletme ile tedarikçi bu uygulamanın satışından elde edilecek karı paylaşacaklarına dahil sözleşmeye şart koyabilirler. Dış kaynaklardan yararlanma sözleşmeleri üzerinde kontrolün devam ettirilmesinin başka bir yolu da işletmenin taşeron firmaya verdiği işlerin bir kısmını elinde tutması ve potansiyel sözleşmeyi taşeron firmayı teşvik etmesi için kullanmasıdır. Kontrolü sağlamanın bir başka yolu da işletmenin taşeron firma ile kısa vadeli sözleşmeler yapmasıdır. Taşeron firmalar özellikle sözleşme maddeleri açıkça belirlenmeden işletmeyi sözleşmenin imzalanması konusunda ikna etmeye çalışırlar. Müşterilerin ayrıntıların daha sonra hukuki sınırlar içinde yapılmış olan sözleşmenin maddelerini değiştirmek ve sözleşmeye yeni maddeler eklemek yönündeki isteklerini kabul etmezler. İşletmeler alternatif taşeron firmaların dikkate alınması ve değerlendirilmesi sürecinde dış kaynaklardan yararlanmadıysa, sözleşmenin görüşülmesi esnasında mutlaka yararlanması gerekir. Görüşmeler esnasında taşeron firma çıkarlarını korumak için bir çok uzmanın görüşünden yararlanır. Taşeron firmanın bu avantajını dengelemek için işletmeninde uzman olan kişilerden yararlanması gerekir. Uzmanlar her iki tarafında haklarını koruyacak bir sözleşmenin imzalanmasında kritik önem taşıyan kişilerdir. Görüşmeler esnasında işletmenin kullanabileceği iki tip dış kaynaklardan yararlanma uzmanı bulunmaktadır. Bunlardan birincisi teknik uzmanlar, işletmenin dış kaynaklardan yararlanmak istediği faaliyetlerin gerçekleştirilmesi için taşeron firmalar bulunması gereken araç ve gereçlerin değerlendirilmesi esnasında işletmeye yardımcı olurlar. Bir diğeri ise, hukuk danışmanlarıdır. Hukuk danışmanları, işletmenin taşeron firma ile birlikte iş yapmasına engel olabilecek durumlara çözümlenmesine ve işletmenin isteklerine sözleşmede yer almasına yardımcı olurlar (Arsoy, 2001: 76).

3.1.4.9. Taşeron Firma ile Etkin Bir İletişim Ağının Kurulması

3.1.4.9.1. İşletmeler Arasında Yapılan Sözleşmenin Önemi

Dış kaynaklardan yararlanma ilişkisi içindeki işletmeler arasında yapılan sözleşmeler ilişkinin devam etmesi açısından çok önemlidir. Bu bakımdan sözleşmeler yapılırken aşağıdaki kurallara dikkat edilmesi gerekir (Judenberg, 1994: 37-38).

- Sözleşmenin her iki taraf için de şüpheye yer kalmayacak şekilde titiz ve geniş kapsamlı yapılması gerekir.
- İleride Sözleşmeye dayalı sorun, olay ve yanlış anlamaların ortaya çıkmaması için sözleşmenin şartlarını ve zorunluluklarını herkesin anlaması ve kabul etmesi gerekir.
- Sözleşmenin mümkün olabildiğince konu ile ilgili tanımlamaları içerecek biçimde geniş kapsamlı yapılması gerekir.
- Sözleşmede yer alacak maliyetler, koşullar ve süre ile ilgili zorunlulukların görüşülmesi gereklidir.
- Sözleşmenin esnek olması gerekir. Sözleşme tüm konulara açıklık getirmesine rağmen taraflar arasında herhangi bir sorun ortaya çıktığında bu sorunu ortadan kaldıracak ve çözecek ifadeleri içermelidir.

3.1.4.9.2. İşletmelerde Çalışan Personelin Eğitilmesi

İşletmedeki, Yüklenici firma ile ilişkilerin yönetiminden sorumlu personelin, işin nasıl yapılacağı ile ilgili eğitime tabi tutulması gerekmektedir. Yüklenici firma ile kurulan ilişkilerin sıkı bir şekilde devam etmesi için işletmede çalışan tüm personel de bu konuda haberdar edilmelidir. Bu yolla çalışan personeller neyin amaçlandığı, bunun niçin yapıldığı, ortaya çıkan problemlerin nasıl çözümlendiği, haberleşme kanalları, neyin gerçekleşmesinin beklendiği vb. konularda bilgi sahibi olur. İşletme kendi personelini ve yüklenici firmanın personelini sosyal faaliyetlere; işletmeler arası personelin rotasyonuna; karşılıklı personel toplantılarına ve işletme içi geliştirme programlarına katılmaya teşvik etmelidir.

3.1.4.9.3. İşletmeler Arasında Vizyonun Paylaşılması

İşletmeler dış kaynaklardan yararlanma işlemini kendilerine rekabet avantajı sağlayan bir yönetim stratejisi olarak görmektedirler. Vizyon, sürecin tamamlanmasına kadar her aşamada yer almaktadır. Vizyonun paylaşılması fikir ve stratejiden daha fazla şeyi ifade etmektedir. Vizyonun paylaşılması dış kaynaklardan yararlanma ilişkisi içindeki işletmelerin çalışanlarını ve kaynaklarını doğru yöne analize eden bir araçtır. Dış kaynaklardan yararlanma ilişkisi içindeki işletmelerin paylaşılan vizyon oluşturma çabalarının nedeni, önemli bir girişimde birbirlerine ihtiyaç duymalarıdır.

3.1.4.9.4. Taşeron Firmanın Performansının Değerlendirilmesi

Kontrol, taşeron firmanın belli bir dönemde belli bir hizmeti sağlamasından sonra ortaya çıkan sonuçların değerlendirilmesidir. Taşeron firmanın performansı kontrol edilerek motivasyonu arttırılabilir. Amaçlanan hedeflerden sapmanın olmaması için işletme, taşeron firmanın denetim mekanizmasını çok iyi biçimde hazırlamalıdır. Yani taşeron firmanın performansının kontrol edilerek değerlendirilmesi, gerekli standartların oluşturulması ile gerçekleşir.

Performans değerleme süreci başlıca üç safhadan oluşmaktadır (Erdoğan, 1991: 170-171):

- Performans standartları belirlenmelidir.
- Uygulanacak değerleme sisteminin seçilmesi: Mevcut yöntemlerden birisi belirlenip işletmenin yapısına göre uyumu sağlanmalıdır.
- Değerleme sonucu elde edilen bilgilerin kullanımını sağlanmalıdır.

3.1.4.9.5. İşletmeler Arasında Etkin Bir İletişim Ağının Kurulması

Dış kaynaklardan yaralanma ilişkisi içindeki işletmelerde iletişim ne kadar açık, samimi ve güvenilir olursa, taraflar birbirlerinin sorunlarını daha iyi anlayacak ve birbirlerine daha çok yardımcı olacaklardır. Dış kaynaklardan yararlanma ilişkisi içindeki işletmelerin başarıları; etkin bir ilişkiler sisteminin kurulmasına ve bu bağlılıkların aksamadan devam etmesine bağlıdır.

3.1.4.9.6. İşletmeler Arasında Güven Duygusunun Yaratılması

Ortaklar arasındaki karşılıklı güven duygusu işbirliğinin sağlıklı ilerlemesinin ön koşuludur. Dolayısıyla ortak, karşılıklı güven duygusunu geliştirip koruyabilecek karaktere, işbirliğinde elde ettiği işletme bilgilerini üçüncü kişilere karşı koruyacak güvenilirliğe, yetki ve sorumluluklarını taşıyabilecek kararlılık ve kapasiteye ve ilgili tüm tecrübe ve bilgileri paylaşacak açık görüşlülüğe sahip olmalıdır. Ayrıca ortağın daha önce katıldığı işbirliklerindeki performansı başarısız olmuşsa bunun nedenleri ve birlikte çalıştığı firmalarda önemli bir kriter olarak değerlendirilmeli ve olumlu işbirliği tecrübeleri olan firmalara öncelik verilmelidir (Akdeniz, 1998: 135-136).

Dış kaynaklardan yararlanma uygulamasının başarısı dış kaynaklardan yararlanma ilişkisi içindeki işletmeler arasında güven duygusunun yaratılmasına bağlıdır. Güven unsurunun olmadığı ortamlarda yüksek performans beklemek doğru değildir. Güven, en temel tanımı ile tarafların birbirlerinin niyetleri konusundaki inanç ve anlayışları olarak tarif edilebilir. İletişim kurarak, saygı göstererek, destek olmak suretiyle ve adalet sınırları çerçevesinde hareket ederek tarafların birbirlerine güvenmeleri artırılabilir. Dış kaynaklardan yararlanma uygulamalarında işletmeler arası ilişki ve iletişim, birbirlerini anlama daha önemli hale gelmektedir (Koçel, 1998: 281).

Uzun dönemli stratejik ilişkilerin devam edebilmesinde güven çok önemlidir. Müşterek bir işbirliğinin yaratılması mesleksel, ahlaksal, teknik ve ekonomik işbirliğinin bir de başarı paylaşımını gerektirir (Eren, 1998: 225).

3.2. DIŞ KAYNAKLARDAN YARARLANMA MODELLERİ

M. Fatih ARSOY'un Mike JOHNSON'dan aktardığına göre, Dünya çapında dış kaynaklardan yararlanmayı destekleyip bu konuda şirketlere yardımcı olan Arthur Andersen Danışmanlık Şirketinden Bill Lattimer beş farklı dış kaynaklardan yararlanma modelinden bahsetmektedir (Arsoy, 2001: 80).

Model I: Geleneksel dış kaynaklardan yararlanma personelin ve varlıkların bir şirkete transfer edilmesini ve bu şirketin de buna karşılık ücret mukabilinde hizmet sunmasını ihtiva eder. Bilgi teknolojisi veri operasyonlarında dış kaynaklardan yararlanılması bunun için güzel bir örnektir.

Model II: Birinci modelin değişik bir biçimidir. Bu modelde müşteri şirket tedarikçiye personeli ve hizmet sorumluluğunu transfer etmesine rağmen varlıkların mülkiyetini elinde bulundurmaktadır.

Model III: Sözleşme tedarikçiden yönetim takımına almayı ve personel ile varlıkları içeride tutarken tedarikçiye yönetim kontrolünü vermeyi kapsar. Bununla ilgili olarak İngiltere'de Savunma Bakanlığı, Devonport Dockyard Operasyonu için böyle bir yönetim kontratı yapmıştır.

Model IV: Merkezi dış kaynaklardan yararlanma aktivitesini kapsayan büro hizmeti de birçok diğer şirket için bir fonksiyonu yerine getirmektedir. Normal olarak herhangi bir personel veya varlık transferini içermemektedir. Ücret bordrosunun işlenmesi bunun için bir örnektir.

Model V: Personel ve varlık Transferini kapsayan herhangi bir senaryoda Jointventure'in değişik tipleri mümkündür ve İskandinavya'da bu yaygındır. Örneğin dış kaynaklardan yararlanan şirketler ve müşteri olan firmalar karları paylaşmak için personelle ve varlıkların transfer edildiği ve ortaklaşa sahip oldukları şirketler kurmaktadırlar. Aynı sonuçtan diğer modellerin herhangi birinden fayda- paylaşımlı düzenlemeler kurmak suretiyle başarılabilir.

3.3. STRATEJİK DIŞ KAYNAKLARDAN YARARLANMA

Dış kaynaklardan yararlanma uygulamalarının son yıllarda önem ve yaygınlık kazanmasının ana nedeni artan rekabet ve bilgi işlem teknolojisindeki gelişmelere paralel olarak işletmelerin rekabet güçlerini artırmak endişesi olmuştur. Bu endişeyle işletmeler kendi faaliyetlerini sahip oldukları temel yetenekler ile sınırlama, diğer tüm faaliyetlerini dış kaynak kullanarak sağlama yolunu seçmişlerdir. Böylece başarıları birbirlerine bağlı olan işletmeler topluluğu meydana gelmektedir. Bu nedenle bazen outsourcing yerine "co-sourcing" kavramının kullanıldığına rastlanılmaktadır. Co-sourcing, öz yetenek bazında, işletmeler arasında oluşan bir çeşit ortaklığı ifade etmektedir. Yani işletmeler faaliyetlerini en iyi bildikleri alanda sınırlamaya diğer faaliyetleri ise dışarıdan almaya yönelmektedir. Gelişen enformasyon teknolojisi de bu uygulamayı desteklemiş ve işletme fonksiyonlarının bırakıldığı işletmelerle her zaman iletişim içinde olma imkânı tanımıştır. Dış kaynaklardan yararlanma "partnership" –ortaklık- kavramını da beraberinde getirmiştir. Ancak burada sözü edilen ortaklık hukuki anlamda olmayıp değişik mekânlardaki işletmelerin bir malın üretiminin çeşitli safhalarında birbirini tamamlayıcı şekilde sürekli işbirliği yapmalarıdır. Artan rekabet işletmelerin kendi tedarikçilerini bir ortak olarak görmelerini ve onlarla yakın işbirliği kurarak müşterilerine daha kaliteli ürün sunmaya çalışmaları işidir (Koçel: 1998: 279-280).

3.3.1. Başarılı Bir İşbirliği İçin Yapılması Gerekenler

M. Fatih ARSOY Kenichi OHMAE'in makalesinden geliştirdiğine göre başarılı bir işbirliği için yapılması gerekenleri şu şekilde sıralamıştır.

Tablo 1.5. Başarılı Bir İşbirliği İçin Yapılması Gerekenler

- İşletmeler arası yapılan işbirliği kişisel bir bağlılık gibi görülmelidir.
- İşbirliğinin başarılı olabilmesi için gereken zaman harcanmalıdır.
- Karşılıklı saygı ve güven duygusu yaratılmalıdır.
- Karşılıklı kazanca önem verilmelidir.
- Sözleşme geniş kapsamlı ve titiz yapılmalıdır.
- Değişen Pazar koşulları karşısında esnek olmalı ve ortaya çıkan problemleri görmelidir.
- İşbirliği içindeki taraflar birbirlerinin beklentilerine saygı duymalıdır.
- İşbirliği içindeki taraflar arasında kültürel uyum sağlanmalıdır.
- Elde edilen başarı karşılıklı paylaşılmalıdır.

Kaynak : (Arsoy, 2001: 82).

İşletmeler kendilerine hizmet veren taşeron firmalar ile ortaklık oluşturmayı tercih etme eğilimi göstermektedirler. Bu ilişkilerin uzun vadeli devam etmesi için işletme ve taşeron firma birbirlerinin ihtiyaçlarına karşılık vermelidirler. İşletmelerin taşeron firmalar ile uzun dönemli işbirliği yapmaları, riski ve karı paylaşmalarına ve sıkı ilişkiler kurmalarına neden olmaktadır. İşletmenin taşeron firma ile uzun dönemli ilişkiye girmesi taşeron firma üzerindeki kontrolünü kaybetmesine, riskin artmasına ve taşeron firmaya aşırı bağımlı hale gelmesine neden olmaktadır.

Tablo 1.6. Uzun Vadeli Outsourcing İle Kısa Vadeli Outsourcing'in Kıyaslanması

Uzun Vadeli Dış Kaynaklardan Yararlanma	Kısa Vadeli Dış Kaynaklardan Yararlanma
- Ya hep ya hiç (all –or- nothing) yaklaşımı hakimdir.	- İlişkiler değerlendirilebilir.
- Taşeron firmanın kontrolü altındadır.	- İşletmenin kontrolü altındadır.
- Dahili kontrol kaybedilebilir.	- Dahili kontrol sağlanabilir.
- Riski yüksektir.	- Riski düşüktür.

Kaynak : (Arsoy, 2001: 83).

DÖRDÜNCÜ BÖLÜM

TÜRKİYE'DE DIŞ KAYNAKLARDAN YARARLANMAYA İLİŞKİN BİR UYGULAMA (KAFKAS ÜNİVERSİTESİ ÖRNEĞİ)

Bu bölümde ise dış kaynak kullanımının Kafkas Üniversitesinde uygulanması, ihale sürecinden hizmetin sonlandırılması aşamasına kadar örnekler verilerek açıklanmaya çalışılmıştır. Ayrıca sorunları ve işleyişi öğrenebilmek için sorulmuş sorulara verilen cevaplar doğrultusunda sorunlar tespit edilmeye çalışılmış ve çözüm önerileri sunulmuştur.

4.1. ARAŞTIRMA KONUSUNUN ÖNEMİ

Sürekli değişen ve gelişen günümüz dünyasında üniversiteler, bilginin üretildiği ve toplumlara taşındığı kurumların başında gelmektedir. Bu bilinçle, Kafkas Üniversitesi akademik ve idari hizmetlerde, kalite düzeyinin iyileştirilmesi ve sistematik bir şekilde devam ettirilmesi için, çağdaş yönetim ilkelerini uygulayarak Atatürk İlke ve Devrimleri rehberliğinde bölgenin ve ülkemizin kalkınmasında çok önemli bir işlevi üstlenmektedir.

Kafkas Üniversitesinin, yukarıda ana hatları belirtilen işlevini en yüksek performansla gerçekleştirmesinin yolunun da, hem kendi kurumsal yapısını, hem de çevresini, üreteceği kaliteli bilgiyle ve geleceğe güvenle bakan evrensel değerlerle donatılmış, rekabet edebilen, araştıran, sorgulayan, toplumsal değerlere duyarlı, kültür ve sanat bilinci gelişmiş bireyler yetiştirmesinden geçeceği yadsınmaz bir gerçektir. Bunun için eğitim-öğretim, araştırma ve kamu hizmeti sorumluluklarını göz önünde bulundurarak evrensel değerlerle buluşacak kaliteyi yakalaması bir zorunluluktur.

Araştırmanın konusu kısaca: Kafkas Üniversitesinde dış kaynak kulanım sürecidir. Türkiye'de eğitim öğretimin önemi her geçen gün daha fazla artmaktadır. Türkiye'de eğitim ve öğretimin öneminin hızla artmasına paralel olarak yeni üniversiteler kurulmakta; mevcut üniversiteler ise kendilerini yeniden yapılandırmakta ve bu değişime ayak uydurmaya çalışmaktadırlar. Buna bağlı olarak üniversiteler bu değişimi en kısa zamanda gerçekleştirebilmek ve manevra kabiliyetlerini arttırabilmek için birtakım yeniliklere gitmektedirler. Bu yeniliklerden birisi de dış kaynak kullanımı (outsourcing) dir. Kafkas Üniversitesi'nin kurulduğundan beri uyguladığı dış kaynaklardan yararlanma modeli, araştırma konusunu teşkil etmektedir. Kafkas Üniversitesi'nin kendisini her geçen gün yeniliyor olması ve değişime açık olması, outsourcing uygulamalarının başarılı bir şekilde yapılması açısından büyük önem arz etmektedir.

4.2. ARAŞTIRMANIN AMACI

Asıl amacı ve öz yeteneği eğitim-öğretim hizmeti vermek olan Kafkas Üniversitesi, bu hizmetinin yanında temizlik, güvenlik, yemek vb. gibi öz yeteneği dışında kalan işleri 2000 yılına kadar kendi personeli ve kaynakları ile yerine getirmekte; böylece kaynaklarının verimliliği azalmaktaydı. Eğitim ve öğretime ayrılmış sınırlı kaynaklar bu şekilde bir çok alanda kullanılmakta buna bağlı olarak da toplam kaynakların eğitime ayrılan kısmında azalma meydana gelmekteydi. Bu tür durumların tespit edilmesi ve bunların ortadan kaldırılması gerekli hale gelmektedir. Ayrıca

Kafkas Üniversitesi bu tür işlerde uzmanlaşmadığı için bu işleri daha fazla maliyet ile yerine getirmektedir. Kafkas Üniversitesinin kaynaklarını daha etkin kullanabilmesi, eğitim-öğretime ayrılan kaynakların arttırılması ve kaynak israfına son verilmesi gibi nedenlerden dolayı böyle bir araştırmaya ihtiyaç duyulmuştur. Özetle araştırmanın amacı; Kafkas Üniversitesinde dış kaynak kullanımı hakkında bilgi toplamak ve değerlendirmektir. Böylece outsourcing uygulamaları kuruma avantaj sağlıyor ise bu durum tespit edilerek daha farklı alanlarda dış kaynak kullanımına gidilmesi sağlanacaktır.

Araştırmaya konu olan Kafkas Üniversitesinin seçilme nedeni ise; Kafkas Üniversitesinin Doğu Anadolu Bölgesinde büyük bir eğitim boşluğunu kapatması, bölge hayvancılığının uzmanlaşmasına katkı yapması ve ortalama -geçici işçiler dahil- 1200 personele (araştırma yapıldığı sırada Çoruh Üniversitesinin kurulması buna bağlı olarak da Kafkas Üniversitesinden ayrılan Artvin İlindeki birimlerde çalışan personelin düşürülmesi ile bu sayı 811 kişiye gerilemiştir) istihdam sağlıyor olmasıdır.

4.3. ARAŞTIRMANIN YÖNTEMİ

Araştırma konusu olarak Kafkas Üniversitesi seçilmiştir. Yakın bir zaman öncesine kadar Kafkas Üniversitesi Strateji Geliştirme Daire Başkanlığında personel olarak çalıştığımızdan dolayı Kafkas Üniversitesinin kaynak dağılımı ve personel yapısı hakkında çok iyi gözlemlerimiz olmuştur.

Kafkas Üniversitesi yeni sayılabilecek bir üniversitedir. Üniversitenin Doğu Anadolu Bölgesinde bulunması, iklim şartlarını zorlaştırmaktadır. Kafkas Üniversitesine diğer kurumlara olduğu gibi 2000 yılından itibaren merkezi sınavla personel alınılmaya başlanmıştır. Üniversite personelinin maaşının diğer kurumlara göre az olması, iklim koşulları, Kars'ta ev kiralarının yüksek olması gibi sebepler ile kurumda personel sirkülasyonu oldukça fazla olmaktadır. Bu durum nitelikli personel yetiştirilmesini güç hale getirmektedir. Bu gibi sebeplerden dolayı kendisini yetiştirmiş eleman sayısı azalmakta ve bu da araştırma yöntemini ve kapsamını bilgi alma açısından fevkalade sınırlandırmaktadır.

Kafkas Üniversitesinin kamu kurumu olması, araştırma yapmak için bazı yasal prosedürlerin zorluğu ve devlet sırrı gibi gerekçeler ile yöneticilerin bilgi vermekten çekinmesi ve de yetişmiş personelin azlığı gibi nedenler de araştırmayı kısıtlayıcı bir etken olarak göze çarpmaktadır. Araştırmanın bu kısıtları dikkate alınarak araştırma yöntemi olarak; görüşme (mülakat) yöntemi seçilmiştir. Bu çerçevede temizlik ve güvenlik hizmetlerinde dış kaynak uygulamalarını gerçekleştiren Kafkas Üniversitesi İdari ve Mali İşler Daire Başkanı Ergün BOZKIRLI ile 12.07.2007 tarihinde, yemekhane hizmetlerinde dış kaynaklardan yararlanma uygulamalarını gerçekleştiren Kafkas Üniversitesi Sağlık Kültür ve Spor Daire Başkanı Ayhan MERT, Şube Müdürü Yavuz GÜNDÜZ ve Satın Alma Memuru Mutlu ÖZTÜRKKAN ile 13.07.2007 tarihinde, Kafkas Üniversitesi Personel Daire Başkanı Hayrettin BAYRAKÇI ile 18.07.2007 tarihinde, Kafkas Üniversitesi İdari ve Mali İşler Daire Başkanlığı Saymanı Şafak DURUHAN ile 24.08.2007 tarihinde görüşmeler yapılmıştır. Araştırma, bu yetkililerin verdiği bilgilere, yerinde yapılan gözlemlere ve kurumla ilgili dokümantasyona dayanmaktadır.

4.4. ARAŞTIRMA SONUCU ELDE EDİLEN BULGULAR VE YORUMLARI

Araştırma sonucunda sorulan sorulara verilen cevaplar ve incelenen belgelere dayanılarak çıkarılan sonuçlar açıklanmıştır.

4.4.1. Kafkas Üniversitesinin Tanıtımı, Misyonu ve Vizyonu

Bu soru ile incelemeye konu olan Kafkas Üniversitesi genel anlamı ile tanıtılmaya çalışılmıştır.

4.4.1.1. Kafkas Üniversitesinin Tanıtımı

Kafkas Üniversitesi 11 Temmuz 1992 tarihinde 3837 sayılı yasayla kurulmuştur. 1992 Kasım ayında kurucu rektörü atanarak; Atatürk Üniversitesi'nden devredilen bir fakülte, tek programlı bir meslek yüksekokul, 40 öğretim elemanı ve 245 öğrenci ile faaliyetlerine başlayan Kafkas Üniversitesi bugün merkezi Kars olmak üzere 12 ayrı yerleşkede 8 Fakülte, 3 Yüksekokul, 6 Meslek Yüksekokulu, 1 Devlet Konservatuarı, 3 Enstitü, 5 Araştırma ve Uygulama Merkezi olmak üzere toplam 25 akademik birime ve yaklaşık –Artvin ilinde bulunan 4 bin öğrenci dahil- 14 bin öğrenci kapasitesine sahiptir (KAÜ Stratejik Planı, 2007: 4).

4.4.1.2. Kafkas Üniversitesinin Misyonu

Kültürel ve evrensel değerlere bağlı, insan haklarına saygılı, demokrasiye ve hukukun üstünlüğüne inanan; bilim, teknoloji, kültür ve sanata ulusal ve uluslararası seviyede katkı yapabilecek; girişimci, üretken, sorgulayıcı, rekabetçi, sosyal, gelişime açık ve etik değerlere sahip vatansever bireyler yetiştirerek, bölgesel, ulusal ihtiyaçlar temelinde toplumun yaşam kalitesinin yükselmesi için çalışmaktır. Ayrıca, bir bölge üniversitesi olarak, yerel unsurları ulusal ve evrensel değerlerlerle buluşturmak ve özellikle de, Orta Asya ve Kafkasya Cumhuriyetleri ile Türkiye Cumhuriyeti arasında bilgi, enerji, insan kaynağı gibi konularda etkileşimi ve dolaşımı üstlenecek bir köprü olmaktır. Öğrencilerimizin ulusal ve uluslararası evrensel ve çağdaş değerlerlerle bütünleşmesinde aktif rol oynayarak, maddi kalkınmanın eğitim-öğretim ve araştırma-geliştirme temelinde yükselen top yekun ülkesel bir değer olacağı bilinci ile hareket ederek, bu ülküye destek sağlamaktır (KAÜ Stratejik Planı, 2007: 11).

4.4.1.3. Kafkas Üniversitesinin Vizyonu

Türkiye'de ve dünyada eğitim-öğretim, araştırma-uygulama kalitesi ile önde gelen üniversiteler arasında yer alan, kurumsal kültürü ve kimliği güçlü, mensubu olmaktan övünç duyulan, üniversite, sanayi ve toplum düzeyinde bölgesel işbirliğini geliştirme konusunda öncü olan, ulusal ve uluslararası bilim ve teknoloji dünyası ile örgütsel bağları gelişmiş, ilimiz ve bölgemiz başta olmak üzere, ülkemizin sorunlarını çözmeye yönelik olarak, eğitim, araştırma, turizm ve hizmet üretiminde aktif rol alan, bilim, teknoloji, kültür ve sanat alanındaki çalışmalarıyla ülkemizin gelişimine katkıda bulunan bölgesel düzeyde lider bir üniversite olmaktır (KAÜ Stratejik Planı, 2007: 11).

4.4.2. Kafkas Üniversitesinin Personel Sayısı

Bu soruya alınacak cevap sayesinde Kafkas üniversitesinin öz yeteneklerini yerine getirebilmesi için yeterli personel sayısına sahip olup olmadığı tespit edilmeye çalışılmaktadır.

Kafkas Üniversitesinde yaklaşık 932 (akademik+idari personel) kişi olan kadrolu personel sayısı Artvin'de bulunan birimlerin Çoruh Üniversitesine bağlaması sebebi ile 811 kişiye düşmüştür. Bunların birimler bazında dağılımı ve akademik- idari sınıflandırması eklerde gösterilmiştir. (468 kişi akademik + 343 kişi idari= 811 kişi). (Ek:1-Ek:2)

Çoruh Üniversitesine bağlandığından dolayı Artvin'deki öğrencileri (4000 öğrenci) saymaz isek Kafkas Üniversitesinin yaklaşık 10.000 kişi olan öğrenci sayısı akademik ve idari personele oranlandığında kişi başına ne kadar az personel düştüğünü gözlemlenebilmektedir.

10.000 / 468 = 21 öğrenciye 1 tane akademik personel düşmektedir.

10.000 / 343 = 29 öğrenciye 1 tane idari personel düşmektedir.

Kişi başına düşen personel sayısının arttırılması hizmet kalitesini arttıracaktır.

4.4.3. Kafkas Üniversitesinin Hukuki Yapısı

Kafkas Üniversitesi Kanunla Kurulmuş bir devlet üniversitesidir. Örgütlenmesini ise 2914 ve 2547 Sayılı Yasalarla yerine getirmektedir (Bozkırlı, 2007: 1).

4.4.4. Kafkas Üniversitesinin Yıllar İtibariyle Dış Kaynaklardan Yararlanmaya Geçiş Süreci

Bu araştırma ile Kafkas Üniversitesinin kaç yıldan beri ve de hangi alanlarda dış kaynaklardan yararlanmaya başladığı tespit edilmeye çalışılmıştır.

Tablo 1.7. Dış Kaynaklardan Yararlanılan Konular

Geçiş Tarihi	Dış Kaynaklardan Yararlanılan Konular
2000 Yılı	Temizlik
2001 Yılı	Temizlik
2002 Yılı	Temizlik
2003 Yılı	Temizlik
2004 Yılı	Temizlik + Yemek
2005 Yılı	Temizlik + Yemek
2006 Yılı	Temizlik + Yemek + Güvenlik
2007 Yılı	Temizlik + Yemek + Güvenlik

Kaynak : (Bozkırlı, Mert 2007: 1-2).

Sonuç olarak Kafkas Üniversitesi dış kaynaklardan ilk olarak 2000 yılında temizlik işinde yararlanmış, daha sonra 2004 yılında bu işe yemek işini outsource ederek devam etmiş, en sonunda da 2006 yılından itibaren de güvenlik işlerini de dış kaynak kullanarak yerine getirmeye başlamıştır. Ağırlıklı olarak uzmanlık gerektirmeyen işleri outsource edilmesi, dış kaynak kullanımı uygulamalarının amacının daha çok maliyet düşürmeye yönelik olduğunu göstermektedir. Bu durum dış kaynak kullanımı uygulamalarının Kafkas Üniversitesinde yeterli düzeye gelemediğini göstermektedir.

4.4.5. Kafkas Üniversitesinin Dış Kaynaklardan Yararlandığı Taşeron Firmalar

Tablo 1.8. Dış Kaynaklardan Yararlanılan Firmalar, Konular ve Yararlanma Yılı

Şirket Adı	D.K.'dan Yararlanılan Konular	Yılı
Kafkas Mücevherat Ltd. Şti.	Temizlik Hizmetleri	2000-2007
Doğanlar Ltd. Şti	Yemekhane Hizmetleri	2004
Filiz Gıda Ltd. Şti	Yemekhane Hizmetleri	2005-2006
İba Tem. Yemek. Hizm. Şt	Yemekhane Hizmetleri	2007
Şahin 1 Güvenlik Ltd. Şti	Güvenlik Hizmetleri	2006
On Güvenlik Ltd. Şti	Güvenlik Hizmetleri	2007

Kaynak : (Bozkırlı, Mert 2007: 1-2).

4.4.6. Kafkas Üniversitesinin Dış Kaynaklardan Yararlanma Nedenleri

Kafkas Üniversitesi İdari ve Mali İşler Daire Başkanı Ergün BOZKIRLI'ya göre, "Kafkas Üniversitesinin dış kaynaklardan yararlanma nedenleri: verilen hizmetleri daha nitelikli ve ekonomik hale getirmek, personel istihdamını daha küçültmektir." (Bozkırlı, 2007: 1).

Buradan sonuçla; Kafkas Üniversitesi elinde bulunan daha az personel ve kaynak ile kendi faaliyetine yoğunlaşmayı ve daha kaliteli hizmet vermeyi amaçlamaktadır.

4.4.7. Kafkas Üniversitesinde Dış Kaynaklardan Yararlanma Uygulamalarının Gelecekteki Durumu

Bu sorunun sorulmasındaki amaç: Kafkas Üniversitesinin dış kaynaklardan yararlanma uygulamalarının gelecekteki durumunun incelenmesidir.

KAÜ İdari ve Mali İşler Daire Başkanı Ergün BOZKIRLI'ya göre, "Ödenek miktarları ihtiyaca cevap verecek duruma gelirse hizmetlerin nicelik ve niteliğinde yükselme sağlanacak, Kafkas Üniversitesi ticari yaklaşımlardan uzak eğitim-öğretim ve araştırma alanlarında söz sahibi olan bir üniversite haline gelecektir (Bozkırlı, 2007: 1).

Bu görüşmeden anlaşıldığına ve de incelenen belgelere dayanılarak Kafkas Üniversitesinin dış kaynak uygulamalarından yararlanılabilmesi için bu alanlara ayrılan ödeneğin arttırılması gerektiği anlaşılmaktadır. Ödeneğin arttırılmasına bağlı olarak şu anda Kars ili merkezi dışında bulunan birimlerin (Iğdır, Ardahan, Kağızman MYO gibi) temizlik, yemek ve güvenlik hizmetlerinin de dış kaynak kullanılarak yerine getirilmesi düşünülmektedir.

4.4.8. Kafkas Üniversitesinin Gelecekte Farklı Alanlarda Dış Kaynaklardan Yararlanma Düşünceleri

Amaç Kafkas Üniversitesinin şu anda uygulamakta olduğu dış kaynaklardan yararlanma uygulamalarından memnun kalması sonucunda bu uygulamaların ileride başka alanlarda da kullanılıp kullanılmayacağını öğrenmektir.

Kafkas Üniversitesi Sağlık Kültür ve Spor Dairesi Başkanı Ayhan MERT'e göre, "öğrenci kafilelerinin üniversiteler arası spor müsabakalarına ve gezilere gidiş dönüş organizasyonlarının ileride seyahat acenteleri vasıtası ile yapılması düşünülmektedir"(Mert, 2007: 1).

İdari Mali İşler Daire Başkanı Ergün BOZKIRLI'ya göre, "yeterli ödeneğin verilmesi halinde şu anda sadece merkez birimlerde kullanılan dış kaynaklardan yararlanma uygulamalarının (yemek+temizlik hizmeti) Kafkas Üniversitesinin bütün birimlerine yayılması sağlanacaktır." (Bozkırlı, 2007: 1).

Bu sorulara verilen cevaplardan anlaşıldığına göre; Kafkas Üniversitesi dış kaynak uygulamalarından memnun kalmıştır ve bu uygulamanın diğer alanlarda da kullanılarak genişletilmesi düşünülmektedir.

4.4.9. Kafkas Üniversitesinin Dış Kaynaklardan Yararlanırken Karşılaştığı Güçlükler

Bu sorunun sorulmasındaki amaç: Kafkas Üniversitesinin dış kaynak uygulamaları sırasında yaşadıkları sıkıntıları tespit etmek ve çözüm önerileri getirmektir.

İdari Mali İşler Daire Başkanı Ergün BOZKIRLI'ya göre, dış kaynak kullanımlarındaki en önemli sorun ödenek yetersizliği iken; Sağlık Kültür ve Spor Daire Başkanı Ayhan MERT'e göre sorunlar daha değişik ve çeşitlidir.

Sağlık Kültür ve Spor Daire Başkanı Ayhan MERT'e göre, "dış kaynaklardan yararlanmak için ihaleye çıkıldığında yeteri kadar firmanın ihaleye katılmaması, katılan firmaların güçlü bütçeleri olmayan küçük ve orta büyüklükteki firmalar olması, bu firmaların kalifiye elamanlarının olmaması, gibi hususlar öncelikli sorunları olmaktadır." (Mert, 2007: 1).

Kafkas Üniversitesinde açılan ihalelere güçlü firmaların katılmama sebeplerinden en önemlisi ihale edilecek işin meblağının küçük olması ve büyük firmalara olan bölgesel uzaklıktır. Bu cevaplara bakarak Kafkas Üniversitesinin öncelikli sorununun ödenek yetersizliği olduğu, yeterli ödeneğin tahsis edilmesi durumunda merkezde olmayan diğer birimlerde de (Ardahan MYO, Iğdır MYO, Kağızman MYO gibi) dış kaynaklardan yararlanılacağı, buna bağlı olarak da işin boyutunun ve meblağının büyüyeceği, iş büyük olduğu için de kaliteli ve büyük bütçeli firmaların ihaleye katılacağı düşünülmektedir.

4.4.10. Müteahhit (Yüklenici) Firma İle Yaşanan Güçlükler

Bu soru ile Kafkas Üniversitesi ve ihaleyi alan yüklenici firma arasındaki sıkıntıların tespit edilmesi amaçlanmaktadır.

İdari Mali İşler Daire Başkanı Ergün BOZKIRLI'ya göre, temizlik ve güvenlik işlerini gerçekleştiren firmalar ile problem yaşanmazken (Bozkırlı, 2007: 1); Sağlık Kültür Spor Daire Başkanı Ayhan MERT'e göre, yemek hizmetlerini gerçekleştirmek için ihaleyi alan firma her sene sanki kendilerine işin verileceği gibi bir havaya girmekte ve de o şekilde baskı kurmaya çalışmaktadır (Mert, 2007: 3).

Bu sıkıntı dikkate alınarak firma seçimine daha özen gösterilmesi ve ilişkilere daha dikkat edilmesi gerekmektedir.

4.4.11. Yapılan Sözleşmede Göz Önünde Bulundurulması Gereken Hususlar

Bu soru ile amaçlanan dış kaynak uygulamaları yapılırken imzalanacak sözleşmede dikkat edilmesi gereken hususları belirlemektir.

Yapılan görüşmeler sonucunda sözleşme imzalanırken dikkat edilecek hususlar özet olarak: kamunun menfaatinin korunması, firmaların çalıştırdıkları personelin özlük haklarına dikkat etmesi ve şartnamenin iyi bir şekilde hazırlanarak alınan hizmetle ilgili tereddüde yol açmayacak kesinlikte ifadelerin kullanılmasıdır.

4.4.12. Müteahhit Firma Seçilirken Yaşanan Güçlükler

Amaç: firma seçiminde yaşanan güçlüklerin tespit edilmesi ve çözüm önerileri üretilmesinde yardımcı olunmasıdır.

Sağlık Kültür ve Spor Daire Başkanı ve İdari Mali İşler Daire Başkanı ile yapılan görüşmeler sonucunda; ihaleye yeteri kadar firmanın katılmaması, İhale Kanunu'ndan kaynaklanan idarelerin firma tercih edememesi hususu ve kağıt üzerinde istenen şartları taşıdığı gözükmesine rağmen fiiliyatta yetersiz firmalara ihalenin verilebiliyor olması gibi güçlüklerin varlığı tespit edilmiştir. Bu sıkıntılar için ilk etapta kurumun yapabileceği bir şeyin olmadığı anlaşılmaktadır. Bu tür sıkıntıların giderilmesi için Kamu İhale Kanunu'nda bir takım düzenlemelerin yapılması gerekmektedir.

4.4.13. Müteahhit Firma İle Yapılan Sözleşmelerin Süresi

Bu sürelerin tespit edilmesindeki amaç: sürelerin uzunluğunu belirlemek ve süreleri arttırabilmek için gerekli çalışmaları yapmaktır.

Yapılan görüşmeler sonucunda Kafkas Üniversitesi'nde temizlik hizmetleri için 5 aylık, güvenlik hizmetleri için 6 aylık ve yemek hizmetleri için ise 8 aylık ve 1 yıllık süreler için ihale yapıldığı anlaşılmaktadır. Bu sürelerin kısa olmasının nedeni Maliye Bakanlığı'ndan izin alınmasının gerekmesi, böylece sürecin gecikmesi ve de ödeneğin uzun süreler için işin ihale edilebilmesi için yetersiz olmasıdır. Özetle ihaleler ilgili yıl içerisinde herhangi bir ayda yapılıp 31 Aralık tarihine kadar geçerli olmaktadır. İlgili yılın ilk aylarında Maliye Bakanlığından izin alma işlemleri ile uğraşılmakta sonrasında ise yılın geriye kalan kısmı için ilgili iş ihale edilmektedir. Bu durum ise hizmetten yararlanma süresini kısaltmaktadır.

İdari Mali İşler Daire Başkanı Ergün BOZKIRLI'ya göre, "temizlik işleri için devlet tarafından Kafkas Üniversitesine 2007 yılı için yaklaşık 130.000 YTL ödenek aktarılmış olup bu kadarlık ödenek ile sadece Rektörlük, Veteriner Fakültesi ve Fen Edebiyat Fakültesinin Temizlik işleri ihale edilebilmektedir. Temizlik işlerinin Kafkas Üniversitesinin bütün birimlerinde 1 yıl boyunca dış kaynak kullanarak yerine getirilebilmesi için yaklaşık 2.000.000 YTL ye ihtiyaç duyulmaktadır. Ayrıca yine ödenek yetersizliğinden dolayı güvenlik hizmetleri de sadece Kars merkezdeki birimlerde dış kaynak kullanılarak yerine getirilebilmektedir. Güvenlik hizmetleri için verilen ödenek ise 160.000 YTL dir. Tüm birimlerde güvenlik işlerinin 1 yıl boyuca dış kaynak yolu ile yerine getirilebilmesi için ise 1.000.000 YTL ye ihtiyaç duyulmaktadır." (Bozkırlı, 2007: 2).

Kafkas Üniversitesine yeterli ödenek aktarıldığı takdirde dış kaynak kullanılarak işlerin ihale edilmesi daha uzun süreler ve daha fazla birim için yapılabilecektir.

4.4.14. Yapılan Sözleşmede Zaman İçerisinde Yapılan Değişiklikler

Yapılan görüşmeler sonucunda: yapılan sözleşmelerde çok fazla değişikliğin yapılmadığı, şartname ve sözleşmede yazılı maddelere tarafların bağlı kaldığı anlaşılmaktadır. Sadece yaz aylarında öğrenci bulunmamasından dolayı çıkarılan yemeğin miktarı azalmakta buna bağlı olarak da firma eleman çıkarabilmektedir. Bu husus sözleşmede yer almaktadır ve bu tür değişiklik yapılmasında Kafkas Üniversitesi tarafından bir sakınca görülmemektedir.

4.4.15. Kafkas Üniversitesinde Dış Kaynaklardan Yararlanma Uygulamalarını İzleyen Birimler

Kafkas Üniversitesinde dış kaynak uygulamalarını izleyen birimin mevcut olup olmadığı araştırılmakta ve dış kaynak kullanımına verilen önem belirlenmeye çalışılmaktadır.

2547 Sayılı Yüksek Öğretim Kanunu'nda ve 191 Sayılı Kanun Hükmünde Kararnamede tanımlanan birimler arasında böyle bir birim bulunmadığından dolayı resmiyette böyle bir birim Kafkas Üniversitesinde bulunmamaktadır. Ancak dış kaynak kullanımı için ihale yapan İdari Mali İşler ve Sağlık Kültür ve Spor Daire Başkanlıklarında bulunan Tahakkuk ve Satın Alma Şube Müdürlükleri dış kaynak kullanımı uygulamalarının izlenmesi için görevlendirilmişlerdir (Bozkırlı, 2007: 2).

Buradan çıkarılacak sonuçla Kanunlarda gerekli düzenlemeler yapılarak üniversitelerde dış kaynak uygulamalarını izleyen birimlerin kurulması gerekmektedir. Böylece kendi asli işinin yanında bu işlere de zaman ayırmak zorunda kaldığı için etkin bir denetim yapamayan tahakkuk şubelerinden bu iş alınarak o işte uzmanlaşmış bir birim oluşturulmuş olacaktır.

4.4.16. Kafkas Üniversitesinde Dış Kaynaklardan Yararlanma Uygulamalarının Riskleri

Bu soru ile dış kaynak kullanımı uygulamalarının getireceği riskleri ve tehlikeleri tespit ederek alınacak önlemlerle Kafkas Üniversitesinin zarar görmesi engellenmeye çalışılmaktadır.

Sağlık Kültür ve Spor Daire Başkanı Ayhan MERT'e göre, "ihaleyi alan firmada çalışan elemanların zaman içerisinde kurum personeli ile olan ilişkilerinin gevşemesi en önemli risk olarak görülmektedir." (Mert, 2007: 3).

Buradan çıkarılacak sonuç: Kafkas Üniversitesinin ihale sözleşmesi hazırlanırken sözleşmenin daha teferruatlı yapılarak çalışanların nasıl davranmaları gerektiğini de maddeler halinde belirtmesi ve bu kurallara uymayanlara yaptırımlar uygulanabilmesi gerekmektedir.

4.4.17. Tedarikçi Firmanın Seçiminde Dikkat Edilecek Hususlar

Bir hizmet outsource edilmeden önce dikkat edilecek hususlar belirlenmeli ve o yönde hareket edilmelidir. Burada amaç: Kafkas Üniversitesinin farklı alanlarda da dış kaynak kullanımına gitmesi durumunda daha önce yapılmış dış kaynak kullanımı anlaşmalarında firma seçerken edindiği tecrübelerden yararlanmaktır.

Tedarikçi firma seçilirken, İdari ve Mali İşler Daire Başkanı Ergün Bozkırlıya göre, "tedarikçi firmanın vereceği hizmetin niteliği ile teklif edilecek fiyatın uygunluğu" dikkat edilmesi gereken bir husus iken; Sağlık Kültür ve Spor Daire Başkanı Ayhan Mert'e göre, "tedarikçi firmanın hizmet vereceği konuda yetkili olması, iş tecrübelerinin olması, çalışanların sigortalarının yatırılıyor ve çalışanların iş deneyimine sahip olduğunu gösteren belgelerinin olması gibi hususlara dikkat edilmesi gerekmektedir.

Buradan; dış kaynak kullanımı işini verecek olan üniversite yetkilileri, kurumlarına hizmet alımında en iyiyi seçerken; bir yandan da yüklenici firma personelinin özlük haklarını da dolaylı yoldan korumuş olmaktadırlar.

4.4.18. Tedarikçi İle Yaşanan Problemlerin Tespiti

Bu soru ile tedarikçi ile yaşanacak problemlerin kontrolü ve denetimi sağlayan birimlerin çalışma sistemleri anlaşılmaya çalışılmaktadır.

Problemler en çok o hizmetten yararlanan kurum personelinin şikayetleri dikkate alınarak tespit edilmektedir. Belirli zamanlarda kurulan komisyon tarafından da yerinde inceleme yapılarak aksaklıklar tespit edilmektedir.

Daha önce de bahsedilen denetim biriminin resmiyette olmaması denetimin devamlılığını olumsuz etkilemektedir.

4.4.19. Anlaşmaya Uyulmadığı Takdirde Yaptırımlar

Bu soru ile yüklenici firmanın anlaşmaya uymadığı zaman ne tür müeyyideler ile karşılaşacağı öğrenilmeye çalışılmıştır.

Yapılan görüşmelerden çıkarılan sonuca göre yüklenici firma anlaşmaya uymaz ise sırası ile, uyarı cezası, para cezası ve tek taraflı sözleşmesinin iptal edilmesi gibi cezalar uygulanmaktadır. Ayrıca anlaşmaya uymadığı için sözleşmesi iptal edilen firmanın yatırdığı kesin teminat tutarı ihaleyi yapan kuruma gelir kaydedilmekte ve ilgili firma 6 ay ile 2 yıla kadar ihalelere girmekten men edilebilmektedir. Kafkas Üniversitesi Kars Meslek Yüksekokulunda yemek işini yüklenen firmaya anlaşmaya uymadığı için 2.000 YTL para cezası verilmiştir (Mert, 2007: 3).

Sonuç olarak anlaşmaya uyulmadığı taktirde uygulanacak yaptırımlar oldukça caydırıcı ve tatmin edicidir.

4.4.20. Kafkas Üniversitesinde Dış Kaynaklardan Yararlanma Süreci

Araştırma konusu olan Kafkas Üniversitesinde dış kaynaklardan yararlanma sürecinin özetle nasıl olduğunun anlaşılması amaçlanmaktadır.

Yapılan görüşmelere dayanarak dış kaynaklardan yararlanma sürecini şu şekilde özetlenebilir: Başlangıç ödeneği dikkate alınarak hizmetle alakalı talebin yaklaşık maliyeti tespit edilir. Tespit edilen bu yaklaşık maliyet tutarı, ödenek sınırlarını aşmıyor ise o işin yapılabilmesi için kurum amirinden bir onay belgesi alınır. Daha sonra ilgili birim tarafından ihale dokümanı hazırlanarak yapılacak ihale ile ilgili Kamu İhale Bülteni ve Mahalli Gazetelerde ilan verilir. İlan sonucunda şartları taşıyan firmalar müracaat eder. İhale tarihinde ekonomik açıdan en avantajlı teklifi veren firma ile tamamlanan prosedür sonrasında da anlaşma imzalanmaktadır.

Daha önce bahsedilen büyük bütçeli firmaların Kafkas Üniversitesinde ihaleye girmiyor olması sorununun ihale ilanlarının ulusal gazetelerde de yer alması ve ödenek miktarının arttırılması ile çözülebileceği düşünülmektedir.

4.4.21. Kafkas Üniversitesinde Dış Kaynaklardan Yararlanma Uygulamaları

Kafkas Üniversitesinde üç alanda dış kaynak kullanılmaktadır. Bunlar: Yemekhane, temizlik ve güvenlik hizmetleridir. Bu hizmetler örnekle anlatılmaya çalışılacaktır.

4.4.21.1. Yemek Hizmeti

Kafkas Üniversitesinde yemek hizmeti 2000 yılına kadar 3 tene kadrolu kurum aşçısı ve 10 tane geçici işçi ile yerine getiriliyordu. Kafkas Üniversitesinde her geçen gün öğrenci ve personel sayısının artmasına karşın yemekhane personel sayısının sabit kalmasına da bağlı olarak her geçen gün verimlilik azalmakta idi. Böylece dış kaynak kullanımı kaçınılmaz hale gelmiştir (Gündüz, 2007: 1).

Kafkas Üniversitesi Sağlık Kültür ve Spor Dairesi Tahakkuk Şubesi Müdürü Yavuz GÜNDÜZ'e göre, "yemekhane hizmetlerinin dış kaynak kullanılarak yerine getirilmesinin avantajları şunlardır: Tek bir yemekhane ile bütün birimlerin işleri yürütülebilmekte, tesis ve sendika maliyetlerine katlanmaktan kurtulmuş olunmakta, işçi çıkarıldığında tazminat maliyeti kuruma ait olmamakta, ayrıca daha az maliyetle işi yerine getirebilmekte ve verimlilik artmış olmaktadır. Dezavantajları ise şunlardır: Yemeğin tek bir merkezden üretilerek diğer birimlere araçla taşınması daha sonra da bir kaptan diğerine aktarılması sırasında yemeğin kalitesi düşebilmektedir. Ayrıca kişi başına ortalama 1,05* YTL yemek ücreti alınmasına karşın yemeğin 6,95** YTL ye mal ediliyor olması ve aradaki farkın kurum tarafından sübvanse ediliyor olması dezavantaj olarak görülebilir" (Gündüz, 2007: 2).

- Öğrencinin 1 günlük yemek ücreti = 1,25 YTL
- Ak. Personel günlük yemek ücreti = 1,25 YTL
- İd. Personel 1 günlük yemek ücreti = 0,65 YTL

* Ortalama kişi başına alınan yemek ücreti: 3,15 / 3 = 1,05 YTL

- 1 kişilik kuru gıda gideri (işçilik hariç) = 5,00 YTL
- Kişi başına hizmet alım giderleri = 0,95 YTL
- Diğer giderler (elektrik, su, v.s.) = 1,00 YTL

** Ortalama 1 günlük yemeğin kuruma maliyeti = 6,95 YTL

Aşağıdaki araştırmada, aynı hizmetin kurum personeli ile mi yoksa dış kaynak kullanılarak mı yapılmasının sayısal mukayesesi yapılarak hangisinin daha avantajlı olduğunu tespit etmek amaçlanmaktadır.

Kafkas Üniversitesi Sağlık Kültür ve Spor Dairesi Satın Alma Memuru Mutlu ÖZTÜRKKAN'a göre, "Yemek hizmetinin kurum personeli tarafından yerine getirilebilmesi için en az 17 personele ihtiyaç duyulmaktadır. 1 personelin kuruma kişi başına yaklaşık maliyeti (aylık + sağlık gideri) brüt 1.200 YTL dir. Aylık toplam personel gideri ise 17 x 1.200 YTL = 20.400 YTL olur. Ayrıca bu hizmetin yapılabilmesi için 2 tane araca, bu araçları kullanacak 2 tane şoföre ihtiyaç duyulmaktadır. Bu şoförlerin aylık giderlerini, araçların yakıtını ve amortisman, bakım onarım giderlerini, ekmek ve su giderleri de hesap edilirse yaklaşık aylık 30.000 YTL daha maliyet çıkmaktadır"(Öztürkkan, 2007: 3). Bu maliyete aylık personel maliyeti olan 20.400 YTL de eklendiğinde bir aylık yemek kurum personeli ile 50.400 YTL ye mal edilmiş olmaktadır.

Bu hizmet dış kaynak kullanılarak yapıldığında ise yüklenici firmaya ödenen aylık 16.000 YTL* dir (Öztürkkan, 2007: 3).

* 135.000 YTL (İhale Bedeli) / 8 Ay (İhale Süresi) = 16.000 YTL

Kafkas Üniversitesi yemek hizmetini dış kaynak kullanarak dışarıdan aldığı taktirde yaklaşık olarak aylık 50.400 YTL – 16.000 YTL = 34.400 YTL kar elde etmektedir.

Kafkas Üniversitesi kişi başına yaklaşık 6,95 YTL ye mal ettiği yemeği kişi başına ortalama 1,05 YTL ye vererek 5,90 YTL zarar ediyor gibi görünse de 5.830* kişiye daha bu fiyattan yemek vermiş olsa bile zarar etmiş sayılmaz. Sadece yemek işini kurum personeline değil de dış kaynaktan yararlanarak yaptırmasından dolayı ortaya çıkan karı dağıtmış olmaktadır.

Kaldı ki Kafkas Üniversitesi yemekhanesinde yemek yiyen kişi sayısı Ocak 2007 itibari ile 758 kişidir (Mert, 2007: 2).

* 34.400 YTL (kar) / 5,90 YTL (kişi başı katlanılan fazla maliyet) = 5.830 kişi

4.4.21.2. Temizlik Hizmeti

Kafkas Üniversitesinde 2007 yılı temizlik giderleri için ayrılan ödenek miktarı 130.000 YTL dir (Bozkırlı, 2007: 4). Temizlik işini yapan yüklenici firmada 15 personel çalışmaktadır. Kafkas Üniversitesinin de bu işi 15 adet kendi personeli ile yerine getirdiği varsayılarak bir maliyet karşılaştırılması yapılacaktır.

- 1 hizmetlinin Kafkas Üniversitesine maliyeti aylık   1.038,00 YTL
- 1 hizmetlinin aylık sağlık gideri + elbise yardımı ortala   150,00 YTL
- 1 hizmetlinin Kafkas Üniversitesine maliyeti ortalama 1.200,00 YTL
- 15 hizmetlinin 1 yıl boyunca olan maliyeti 15 x 12 x 1.200 = 216.000 YTL
- KAÜ ye temizlik malzemesi için ayrılan yıllık ödenek   = 5.000 YTL
- Kafkas Üniversitesinin yıllık temizlik hizmetine harcadığı = 221.000 YTL

Temizlik hizmetinin dış kaynak kullanılarak yerine getirilmesi ile oluşacak yaklaşık maliyet aşağıdaki gibidir.

- 1 yüklenici firma personelinin maliyeti aylık 440 YTL (net) = 750 YTL
- 15 işçinin firmaya yıllık maliyeti 15 x 12 x 750 = 135.000,00 YTL

Açık bir biçimde görüldüğü gibi temizlik hizmeti yüklenici firmaya yaptırıldığında temizlik malzemesi giderleri, personel sağlık giderleri ve elbise yardımı gibi giderlerden Kafkas Üniversitesi; başka bir tabirle kurtulmuş olmaktadır. Bu örnekte de görüldüğü gibi kaba bir hesapla Kafkas Üniversitesi kendi personeli ile temizlik işini 1 yıl boyunca yerine getirmek isterse maliyet yaklaşık 221.000 YTL iken; dış kaynak kullanarak yerine getirdiğinde ise maliyet yaklaşık olarak 135.000 YTL olmaktadır. Dış kaynak kullanımının maliyet avantajından başka bir avantajı da; Kafkas Üniversitesine temizlik malzemesi için ayrılan ödeneğin kullanılmayarak zaten yetersiz olan büro malzemesi alım ödeneğine aktarılarak değerlendirilmesidir.

4.4.21.3. Güvenlik Hizmeti

Kafkas Üniversitesinin merkez birimlerinde güvenlik hizmeti 2 yıldır dış kaynak kullanılarak yerine getirilmektedir. Kafkas Üniversitesinde 2007 yılı güvenlik giderleri için ayrılan ödenek miktarı 160.000 YTL dir (Bozkırlı, 2007: 4). Güvenlik işini yapan yüklenici firmada 35 personel çalışmaktadır. Kafkas Üniversitesinin de bu işi 35 adet kendi personeli ile yerine getirdiği varsayılarak bir maliyet karşılaştırılması yapılacaktır.

- 1 güvenlikçinin Kafkas Üniversitesine maliyeti aylık 1.180,00 YTL
- 1 güvenlikçinin aylık sağlık gideri + elbise yardımı ortalama <u>120,00 YTL</u>
- 1 güvenlikçinin Kafkas Üniversitesine maliyeti ortalama 1.300,00 YTL

- 35 güvenlikçinin 1 yıl boyunca olan maliyeti 35 x 12 x 1.300 = 546.000 YTL
- Kafkas Üniversitesinin yıllık güvenlik hizmetine harcadığı = 546.000 YTL

Güvenlik hizmetinin dış kaynak kullanılarak yerine getirilmesi ile oluşacak yaklaşık maliyet aşağıdaki gibidir.

- 1 adet yüklenici firma personelinin maliyeti aylık 440 YTL (net) = 750 YTL
- 35 özel güvenlikçinin kuruma yıllık maliyeti 35 x 12 x 750 = 315.000 YTL

Açık bir biçimde görüldüğü gibi Kafkas Üniversitesi, güvenlik hizmeti yüklenici firmaya yaptırıldığında, personel sağlık giderleri ve elbise yardımı gibi giderlere katlanmaktan kurtulmuş olmaktadır. Bu örnekte de görüldüğü gibi kaba bir hesapla Kafkas Üniversitesi kendi personeli ile güvenlik işini 1 yıl boyunca yerine getirmek isterse maliyet yaklaşık 546.000 YTL iken; dış kaynak kullanarak yerine getirdiğinde ise maliyet yaklaşık olarak 315.000 YTL olmaktadır. Böylece yaklaşık 231.000 YTL lik bir kayıp önlenmiş olur. Dış kaynak kullanımının Kafkas

Üniversitesine bir başka avantajı da emeklilik gibi işlemler sonrasında maruz kalacağı kıdem tazminatı gibi ödemeleri yapmayacak olmasıdır.

SONUÇ VE ÖNERİLER

Değişime ayak uydurabilmek için dünyadaki sosyoekonomik, teknolojik gelişmelerin; hangi yönde ve hangi hızda geliştiğini izlemek, söz konusu faktörlerin gelecekte işletmeleri nasıl etkileyeceğinin tespit etmek gerekmektedir. Bu bağlamda; değişime karşı ayakta kalabilmenin tek şartı yeniden yapılanmadır. Yeniden yapılanma sürecinde, dış kaynaklardan yararlanma, işletmelere ana faaliyet konularında gelişerek rekabet gücünü, iç teknik yetenekleri arttırma ve yeni durumlara hızlı ayak uydurabilme imkanı tanımaktadır. Yatırım ve yönetim, dikkatlerini bu konular üzerinde yoğunlaştırarak ek maliyetleri ortadan kaldırmakta ve ölçek ekonomisini mümkün kılmaktadır. Bu yönü ile dış kaynak kullanımı, endüstriyel yenilik için katalizör niteliğindedir.

Dış kaynaklardan yararlanma maliyetleri azaltmakta, işletmeyi yeni fırsatların değerlendirilmesine yöneltmekte ve böylelikle yaratılacak katma değer ile organizasyonun uzun vadedeki değerini yükseltmektedir. Dış kaynak kullanılması sonucunda iş basitleşmekte, faaliyetlerde etkinlik ve verimlilik artmaktadır.

Doğu Anadolu Bölgesinde faaliyet gösteren Kafkas Üniversitesinde temizlik, yemek ve güvenlik hizmetleri alanında kullanılan dış kaynak kullanımı uygulamalarının işleyişini takip ettiğimiz bu araştırmadan aşağıdaki sonuçlar elde edilmiştir.

Alınan cevaplara bakıldığında Kafkas Üniversitesinde uygulanan ilk dış kaynak kullanımı örneği, 2000 yılında uygulanmaya başlayan temizlik hizmeti olmuştur. Bunu 2004 yılında yemek, 2006 yılında ise güvenlik hizmeti uygulamaları takip etmiştir. Kafkas Üniversitesinin 1992 yılında kurulduğuna bakıldığında geç kalmış olan dış kaynak kullanımı uygulamalarının Kafkas Üniversitesinin öz yeteneği dışındaki diğer alanlara da yayılması gerekmektedir. İlk etapta düşünülen öğrenci kafilelerinin seyahat firmaları ile etkinliklere götürülmesi düşüncesinin bir an önce hayata geçmesi gerektiği kanaatindeyiz.

Kafkas Üniversitesinde uygulanan dış kaynak kullanımı uygulamalarını yerine getiren yüklenici firmalara bakıldığında yemek hizmetini veren firma dışındaki firmaların yakın çevrede faaliyet gösteren küçük bütçeli firmalar olduğu görülmektedir. Daha önde de belirttiğimiz gibi ihale edilecek işin küçük bütçeli olması ihaleye giren firmanın da küçük bütçeli olmasına neden olmaktadır. Kafkas Üniversitesine ayrılan ödenek miktarının arttırılması ve buna bağlı olarak ta işin hacminin ve ihale bedelinin artması, ihale sürecinde büyük ve kaliteli firmaların müracaatlarını gerçekleştirecektir. Böylece Kafkas Üniversitesine ait dış birimler de (Ardahan, Iğdır, Kağızman, SABESYO v.b.) dış kaynak kullanımı uygulamalarının getirdiği hizmetlerden istifade etmiş olacaklardır.

Kafkas Üniversitesinde uygulanan dış kaynak kullanımı uygulamaları sırasında yüklenici firma ile bazı problemlerin yaşandığı görülmektedir. "Özellikle yemek işini üstlenen yüklenici firmaların problem çıkardığı gözlemlenmektedir. Bu problemlerin başında ihaleyi o sene alan yüklenici firmanın seneye aynı işin yine kendisine verilmesi gerektiği havasına girmesi ve kuruma baskı kurmaya çalışmasıdır" (Mert, 2007: 3). Ayrıca firma çalışanlarının kalifiye olmaması ve kurum personeli ile olan ilişkilerinin zamanla gevşemesi de gözlemlenen diğer problemlerdir. Kafkas Üniversitesine dış kaynak kullanımı uygulamaları için yeteri kadar ödenek aktarıldığında ve ihale şartnameleri daha teferruatlı hazırlandığında bu tür problemlerin çözüleceği kanaatindeyiz.

Kafkas Üniversitesinde uygulanan dış kaynak kullanımı örneklerine bakıldığında işin 5-6 ve 8 aylık süreler için ihale edildiği görülmektedir. Dış kaynak kullanılacak işin ihale edileceği sürenin az olma sebebi: ödeneğin ancak işin 5-8 aylık süre için ihale edilmesine yetebiliyor olması ve Maliye Bakanlığından ihale izin işlemlerinin 4-5 ay sürüyor olmasından kaynaklanmaktadır. Kesintisiz bir şekilde uzun yıllar dış kaynak kullanımı uygulamalarından yararlanabilmek için Kafkas Üniversitesine ayrılan ödenek miktarının arttırılması ve yasal prosedürlerin azaltılması gerekmektedir.

Yapılan araştırmalarda Kafkas Üniversitesinde dış kaynak kullanımı uygulamalarını izleyen ve denetleyen bir birimin olmadığı görülmektedir. Bu durum 2547 Sayılı Kanun ve 191 Sayılı KHK'den kaynaklanmaktadır. Bu kanunlarda böyle bir birim resmen tanımlanmamıştır. Kanunda tanımlanmamış bir birimi kurmak yasal olmayacağından dolayı Kafkas Üniversitesinde fiilen böyle bir birim olmamasına karşın; Kafkas Üniversitesi bünyesinde bulunan ilgili Başkanlıkların Satın Alma ve Tahakkuk Şube Müdürlükleri bu denetim faaliyetini yerine getirmektedir. Tahakkuk ve Satın Alma Müdürlüğündeki denetimle ilgili personelin sadece denetim işi ile görevlendirilmelerinin gerektiğini düşünmekteyiz. Asli işlerinin yanında denetim işini de yapıyor olmaları denetimin etkinliğini azaltacaktır. En kısa zamanda gerekli yasal düzenlemelerin yapılarak denetim birimlerinin fiilen oluşturulması gerekmektedir.

Kafkas Üniversitesinde yapılan dış kaynak kullanımı uygulamaları bu tür sıkıntılara rağmen başarılı bir şekilde yürütülmekte ve bu işlerin kurum personeli ile yerine getirilmesine göre daha az maliyetli olmaktadır.

Sonuç itibariyle, dış kaynaklardan yararlanma da diğer tüm yönetim tekniklerinde olduğu gibi, yerine ve zamanına göre kullanılması ve yönetilmesi gereken, böyle yapıldığında işletmelerin başarılarına katkıda bulunan bir işletmecilik tekniğidir. Dış kaynaklardan yararlanma (outsourcing) yaklaşımı, şirketleri ve kurumları dolayısıyla da Kafkas Üniversitesini ileri götürebilecek anahtar bir stratejik teknik olarak görülmelidir.

KAYNAKLAR

KİTAPLAR

BUDAK, Gülay, Gönül BUDAK, **İşletme Yönetimi,** Barış Yayınları, Genişletilmiş ve Gözden Geçirilmiş 5. Baskı, İzmir, 2004

CANBOLAT, Talat, **Türk İş Hukukunda Asıl İşveren – Alt İşveren İlişkileri,** Kazancı Yayınları, İstanbul, 1992

ÇETİN, Canan, "Şebeke Organizasyonları", **İstanbul Üniversitesi İşletme İktisadı Enstitüsü Dergisi: Yönetim,** Yıl:7, Sayı:25, İstanbul, Ekim 1996,

ÇOMAKLI, Şafak ERTAN, Kenan Mehmet EKİCİ, Tarık Zeki ŞAHIM, **Geleceği Planlamada Stratejik Yönetim,** A-C Yayınları, 1. Baskı, Ankara, 2007

DİNÇER, Ömer, **Stratejik Yönetim ve İşletme Politikası,** Beta Yayınları, Genişletilmiş ve Yenilenmiş 5. Baskı, İstanbul, 1998

EREN, Erol, **Yönetim ve Organizasyon,** Beta Basım Yayın Dağıtım A.Ş., İstanbul

EREN, Erol, **Yönetim ve Organizasyon,** Beta Yayınları, 5. Baskı, İstanbul, 2001

ERTÜRK, Mümin, **İşletmelerde Yönetim ve Organizasyon,** Beta Yayınları, 2. Baskı, İstanbul, 1998

GENÇ, Nurullah, **Yönetim ve Organizasyon – Çağdaş Sistemler ve Yaklaşımlar,** Seçkin Yayınları, 1. Baskı, Ankara, 2004

HICKMAN, Craig R. ve Michael A. SILVA, **Gelecek 500,** Çev: Hüseyin Kanbur, İnkılap Yayınları, İstanbul, 1990

KOÇEL, Tamer, **İşletme Yöneticiliği,** Beta Basın Yayın Dağıtım A.Ş., İstanbul, 1998

KOÇEL, Tamer, **İşletme Yöneticiliği,** Beta Yayınları, Gözden Geçirilmiş 8. Baskı, İstanbul, 2001

ÖZBAY, Tanju, **Sorularla Dış Kaynak Kullanımı (Outsourcing),** İTO Yayınları, İstanbul, 2004

SENGE, Peter M, **Beşinci Disiplin,** Çev: Ayşegül İldeniz ve Ahmet Doğukan, Yapı Kredi Yayınları, 12. Baskı, İstanbul, 2004

TATARİ, Begüm, **Etkili Bir Yönetim Aracı: Dış Kaynak Kullanımı,** İzmir Ticaret Odası Yayınları, İzmir, 2005

ÜLGEN, Hayri ve Kadri MİRZE, **İşletmelerde Stratejik Yönetim,** Literatür Yayınları, 3. Baskı, İstanbul, 2006

MAKALELER

ALLEN, Sandy, Ashok CHANDRASHEKAR, "Outsourcing Services: The Contract Is Just the Beginning", **Business Horizons**, March-April, 2000

BİLGEN, Semih, "Kamu Sektöründe Bilişim Hizmetlerinde Dış Kaynak Kullanımı", **ODTÜ, Bilişim**, Ankara 1999

BUEHLER, Stefan ve Justus HAUCAP, "Strategic Outsourcing Revisited", **Journal of Economic Behavior & Organization**, Vol.61, 2006

ERDOĞAN, İlhan, "İşletmelerde Personel Seçimi ve Başarı Değerleme Teknikleri", **İstanbul Üniversitesi İşletme Fakültesi İşletme İktisadı Enstitüsü Dergisi**, İstanbul, 1991

GONZALEZ, Reyes, Jose Gasco ve Juan Llopis, "Information System Outsourcing: A Literature Analysis", **Information & Management**, Vol.43, September 2006

GORDON, Mark L. ve Timothy P. WALSH, "Outsourcing Technology in Government: Owned, Controlled, or Regulated Institutions", **Journal of Government Information**, Vol.24, No.4, 1997

GRECO, Joann, "Outcourcing: The New Partnership", **Journal of Strategy**, July-Agust, 1997

JAVİDAN, Mansour, **Core Competence:** "What Does it Mean in Practice?", **Long Range Planning**, Vol. 31, February, 1998

JUDENBERG, Joseph, "Applications Mainteanance Outsourcing", **Information Systems Management**, Fall 1994

KARAYILMAZLAR, Selman, "Bilgi İşlem Taşeronluğu (Outcourcing)", **İ.Ü. İşletme İktisadı Enstitüsü Dergisi: Yönetim**, Yıl:6 Sayı 22 Ekim, 1995

PINNINGTON, A. ve P. WOOLCOCK, "The Role of Vendor Companies in IS/IT Outsourcing", **International Journal of Information Management,** Vol.17, 1997

QUINN, J. Brian, T.L. DOORLEY, D.C. PAQUETTE, "Technology in Services: Rethinking The Strategic Focus", **Sloan Management Review**, Vol.20, 1990

TANYERİ, Mustafa, Aytekin FIRAT, "Rekabet Değişkeni Olarak Dış Kaynak Kullanımı (Outsourcing)", **Dokuz Eylül Üniversitesi Sosyal Bilimler Enstitüsü Dergisi,** Cilt 7, Sayı 3, İzmir, 2005

TEBLİĞLER

AKDENİZ, Muzaffer, "Uluslararası Pazarlara Açılmada Stratejik İşbirliklerinin Artan Önemi", **12-14 Kasım 1998 6. Ulusal İşletmecilik Kongresi,** 1998

ANKARALI, Egemen, "Başarılı Outsourcing İçin Doğru Sözleşmeler Nasıl Hazırlanmalı", **08-09 Ekim 2002 I. Outsourcing Zirvesi,** İstanbul 2002

ATIŞ, Yücel, "Outsourcing'de En İyi Sağlayıcı Nasıl Seçilmeli" **08-09 Ekim 2002 I. Outsourcing Zirvesi,** İstanbul 2002

TAN, Barış, "Operasyonel Servislerde Outsourcing'e Genel Bir Bakış", **08-09 Ekim 2002 I. Outsourcing Zirvesi,** İstanbul, 2002

VASSARD, Francois, "Outsource İlişkilerinin Yönetilmesi", **08-09 Ekim 2002 I. Oursourcing Zirvesi,** İstanbul, 2002

TEZLER

ARSOY, M. Fatih, "Dış Kaynaklardan Yararlanma ve Türk Sanayinde Bir Uygulama Örneği (Çimsa Çimento Sanayi ve Ticaret A.Ş.)", Yayınlanmamış Yüksek Lisans Tezi, **İstanbul Üniversitesi Sosyal Bilimler Enstitüsü,** 2001

DERİNÖZ, Çetin, "Dış Kaynaklardan Yararlanma ve Türk Telekom'da Bir Uygulama", Yayınlanmamış Yüksek Lisans Tezi, **Afyon Kocatepe Üniversitesi Sosyal Bilimler Enstitüsü,** 2002

DOĞAN, Hulusi, "İşletmelerde Öz Yeteneğe Dayalı Yapılanma ve Stratejik Yönetim (Bir Öz Yetenek Bileşeni Olarak Yöre Sektörüyle Uyumun Meslek Yüksekokullarındaki Programların Rekabet Gücüne Etkisi Üzerine Bir Araştırma), Yayınlanmamış Doktora Tezi", **Isparta Süleyman Demirel Üniversitesi Sosyal Bilimler Enstitüsü,** 2003

FIRAT, Aytekin, "Rekabet Sürecinde Dış Kaynak Kullanımı (Outsourcing) Yoluyla Dağıtım Kanalı Etkinliğinin Arttırılması ve Türkiye'deki Otomotiv Sanayicilerine Yönelik Bir Uygulama", Yayınlanmamış Doktora Tezi, **Dokuz Eylül Üniversitesi Sosyal Bilimler Enstitüsü**, İzmir, 2004

KOCA, Hüseyin, "Dış Kaynaklardan Yararlanma Stratejisi ve Savunma Sanayinde Bir Uygulama", Yayınlanmamış Yüksek Lisans Tezi, **Sakarya Üniversitesi Sosyal Bilimler Enstitüsü,** 2003

YAZICI, Taner, "İşletmelerde Dış Kaynak Kullanımı (Outsourcing) ve Örnek Uygulamalar", Yayınlanmamış Tezsiz Yüksek Lisans Bitirme Projesi, **Dokuz Eylül Üniversitesi Sosyal Bilimler Enstitüsü**, İzmir, 2003

DİĞER

Kafkas Üniversitesi İdari ve Mali İşler Daire Başkanı Ergün BOZKIRLI ile Yapılan Söyleşi, 12.07.2007

Kafkas Üniversitesi Sağlık Kültür ve Spor Daire Başkanı Ayhan MERT ile Yapılan Söyleşi, 13.07.2007

Kafkas Üniversitesi Sağlık Kültür ve Spor Dairesi Tahakkuk Şubesi Müdürü Yavuz GÜNDÜZ ile Yapılan Söyleşi, 13.07.2007

Kafkas Üniversitesi Sağlık Kültür ve Spor Dairesi Satın Alma Memuru Mutlu ÖZTÜRKKAN ile Yapılan Söyleşi, 13.07.2007

Kafkas Üniversitesi Personel Daire Başkanı Hayrettin BAYRAKÇI ile Yapılan Söyleşi, 18.07.2007

Kafkas Üniversitesi İdari ve Mali İşler Daire Başkanlığı Saymanı Şafak DURUHAN ile Yapılan Söyleşi, 24.08.2007

http://www.kafkas.edu.tr, Kafkas Üniversitesi Stratejik Planı, 2007

http://www.kobifinans.com.tr/bilgi_merkezi/020606/349, Dış Kaynak Kullanımı Şirket Yapısına Nasıl Bir Etki Gösteriyor, 09.07.2007

EKLER

EK: 1 - KAFKAS ÜNİVERSİTESİNDE GÖREV YAPAN İDARİ PERSONELİN SINIF VE BİRİMLER BAZINDA DAĞILIM TABLOSU/ 26.02.2007

KURUMU : KAFKAS ÜNİVERSİTESİ
TEŞKİLATI : MERKEZ
BÜTÇE TÜRÜ : ÖZEL

B İ R İ M İ	GİH	THS	SHS	AV.H	YHS	TOPLAM
Genel Sekreterlik	5					5
Sivil Savunma Uzmanlığı	0	-	-	-	-	0
Strateji GeliştirmeDaire Başkanlığı	4					4
Personel Daire Bşk.lığı	10					10
Öğrenci İşl.Daire Bşk.lığı	8					8
İd.ve Mali İşl.D.Bşk.lığı	34				10	44
Sağ.Kült.ve Sp.Daire Bşk.lığı	11		3		3	17
Kütüphane ve Dokm.D.Bşk.lığı	5	-	-	-	-	5
Yapı İşl.ve Tek D.Bşk.lığı	6	34			4	44
Bilgi İşlem Daire Bşk.lığı	3					3
Hukuk Müşavirliği	0					0
Avukat	-	-	-	-	-	0
Hayv.Arş.ve Uyg.Merk.Müd.	0	-	0	-	-	0
Eğitim Uyg.Çiftlik Müd.	0	-		-	-	0
Veteriner Fakültesi	20	2	3		10	35
Fen-Edebiyat Fakültesi	19	3			4	26
İk.ve İd.Bil.Fakültesi	5	1			2	8
Eğitim Fakültesi	5	1	-	-	2	8
Tıp Fakültesi	9	17	19	-	10	55
Iğdır Ziraat Fakültesi						
Devlet Kanservatuvarı						
Sarıkamış MYO						
Kars MYO	8				1	9
Iğdır MYO	12	2			2	16
Kağızman MYO	5	1			2	8
Ardahan MYO	6	1			2	9
SABESYO	12	1			3	16
Kars SYO	5		1		1	7
Fen Bil.Enstitüsü	2					2
Sağlık Bil.Enstitüsü	2					2
Sosyal Bil.Enstitüsü	2					2
TOPLAM	198	63	26	0	56	343

Kaynak: (BAYRAKÇI, 2007: 1).

EK: 2 - KAFKAS ÜNİVERSİTESİNDE DOLU BULUNAN AKADEMİK KADROLARIN BİRİMLERE GÖRE DAĞILIM TABLOSU

KURUMU   : KAFKAS ÜNİVERSİTESİ
TEŞKİLATI   : MERKEZ
BÜTÇE TÜRÜ : ÖZEL

30.05.2007

BİRİMLER	Prof.	Doç.	Y.Doç	Öğr.G	Okt	Ar. G	Uzm	Çev	E.P	TOP
Veteriner Fak	13	29	24	0	0	31	1	0	0	98
Fen Ed. Fak	4	5	35	5	0	32	2	0	0	83
İk. İd. Bil. Fak	0	0	11	3	0	34	0	0	0	48
Eğitim Fak	1	0	9	7	0	31	0	0	0	48
Tıp Fakültesi	1	0	10	0	0	14	0	0	0	25
Kars MYO	0	0	1	19	0	0	0	0	0	20
SABESYO*	0	0	1	4	4	4	0	0	0	13
Iğdır MYO	0	0	0	14	0	0	0	0	0	14
Ardahan MYO	0	0	0	10	0	0	0	0	0	10
Kağızman MYO	0	0	0	11	0	0	0	0	0	11
Kars SYO	0	0	1	7	0	14	0	0	0	22
Fen Bil. Enst	0	0	0	0	0	6	0	0	0	6
Sağlık Bil Enst	0	0	0	0	0	8	0	0	0	8
Sosyal Bil Enst	0	0	0	0	0	5	0	0	0	5
Sarıkamış MYO	0	0	0	1	0	0	0	0	0	1
Devlet Konserv	0	0	0	2	0	0	0	0	0	2
Rektörlük	0	0	0	0	43	0	11	0	0	54
GENEL TOP	19	34	92	83	47	179	14	0	0	468

Kaynak: (BAYRAKÇI, 2007: 2).

www.ingramcontent.com/pod-product-compliance
Lightning Source LLC
Chambersburg PA
CBHW020441220526
45464CB00002B/795